Survivre en milieu urbain

Copyright © mai 2021

Tous droits réservés. Il est interdit, sauf accord préalable et écrit de l'éditeur, de reproduire partiellement ou totalement le présent ouvrage, sous quelque forme et de quelque manière que ce soit.

ISBN : 9798721262609

SURVIVRE EN MILIEU URBAIN
Le livre sur la folie urbaine !

Samuel Desmoulins

Éditions Voraces

SURVIVRE EN MILIEU URBAIN

INTRODUCTION 11

    À la recherche de l'efficacité
    Les piliers pour survivre en milieu urbain

LES POSSESSIONS TERRESTRES 16

    Fuyez la pauvreté
    Pour vivre heureux, vivez caché
    Bannissez les signes extérieurs de richesse
    La disparition de biens dans l'espace public
    La consommation de nicotine en milieu urbain

LES DÉPLACEMENTS 27

    Limitez les interactions inutiles
    L'épineuse problématique du partage de l'espace sur les trottoirs

Déplacez-vous dans les bonnes conditions
Gérez les déplacements en solitaire
Interdisez-vous la susceptibilité
Soyez toujours un parangon de politesse
Désamorcez les escalades de violence verbale
Choisissez bien votre animal de compagnie

LES MOYENS DE TRANSPORT 53

Choisissez soigneusement votre moyen de transport
Les moyens de transport : La voiture
Les moyens de transport : Les deux-roues motorisés
Les moyens de transport : Les transports en commun
Les moyens de transport : La marche
Les moyens de transport : Les planches à roulettes
Les moyens de transport : La bicyclette

LA CONNAISSANCE DU TERRAIN 81

Choisissez bien votre voisinage
Les lieux à risques
Les lieux à risques : Les ruelles désertes
Les lieux à risques : Les boîtes de nuit
Les lieux à risques : Les bars louches
Les lieux à risques : Les parkings
Les lieux à risques : Les distributeurs de billets
Les lieux à risques : Les cinémas multiplexes
Les lieux à risques : Les supermarchés et les files d'attente
Les lieux à risques : Les centres commerciaux

L'ART DE LA CONVERSATION 101

Ne faites jamais des mots d'esprit
Fuyez les joutes verbales

Prenez garde au ton de votre voix
Évitez les gestes brusques
Les sujets de conversation à privilégier
    La météo
    La famille
Les sujets de conversation à double tranchant
    Le sport
    La culture
    La haine
Les sujets de conversation à bannir
    La politique
    L'éducation
    L'économie
    La religion

LE COMBAT 131

Les disciplines sportives favorisant la survie
Ayez une vision réaliste des armes
Évitez un affrontement grâce à la musique
Le combat face à un seul adversaire
Le combat face à un groupe

CONCLUSION 161

Conseil n° 1 : Développez les bonnes caractéristiques
Conseil n° 2 : Ne cherchez pas à faire régner l'ordre
Conseil n° 3 : Ne vous laissez pas submerger par la peur
Conseil n° 4 : Ne sombrez pas dans le piège de la haine
Conseil n° 5 : Ne sombrez pas dans le piège du plus fort des faibles
Conseil n° 6 : Ne vous laissez pas séduire par la fuite de la réalité
Conseil n° 7 : Ayez des exutoires et des sources d'épanouissement

INTRODUCTION

Si vous vous retrouvez avec ce livre entre les mains, c'est qu'au moins une infime partie de votre être ressent l'immense et terrifiant merdier dans lequel est plongée notre société.

L'existence, dans les gigantesques marmites bouillonnantes et aliénantes que sont devenues les grandes villes, s'apparente de plus en plus à une lutte de chaque instant où un geste, un mot, voire un simple regard peut vous faire perdre la vie de la plus ignoble des manières. Tout se passe comme si, en milieu urbain, plus personne n'était doté de parole ou de raison. Pire, comme si plus personne ne souhaitait faire usage de la parole ou de la raison. Et, désormais, tout ou presque se règle dans un brouhaha de cris, d'insultes et de bruits d'os qui craquent.

Pour un individu lambda, le constat est terrifiant, violence aveugle et mort brutale sont tapies à chaque coin de rue.

Le simple fait d'effectuer ses courses à une heure de forte affluence peut se transformer en confrontation. Se griller une clope en extérieur, devant un public mal luné avide d'une bouffée de nicotine, peut devenir un motif d'altercation. Prendre une seconde de trop pour démarrer à un feu de circulation peut vous coûter un détour par un service de réanimation. Exhiber un peu trop ostensiblement le moindre bien de valeur est en mesure de transformer une douce promenade en chasse à l'homme. En milieu urbain, la liste des instants anodins de la vie quotidienne pouvant devenir le point de départ d'un délirant déferlement de violence est quasi sans fin. À tel point qu'existence dans une grande ville, conditions de vie paisibles et espérance de vie non brutalement raccourcie font de moins en moins bon ménage.

À LA RECHERCHE DE L'EFFICACITÉ

Une fois cela dit, que faire ? Se lamenter et se plaindre ? Ouais, pourquoi pas ? Mais… et après ? S'énerver et gueuler ? Ouais, pourquoi pas ? Mais… et après ? Tenter de trouver des coupables et établir des responsabilités ? Ouais, pourquoi pas ? Mais… et après ? Chercher à comprendre le pourquoi du comment ? Ouais, pourquoi pas ? Mais… et après ? En quoi tout cela va-t-il nous aider, concrètement, au quotidien, tout de suite, maintenant, nous qui sommes plongés au beau milieu de ces pétaudières qui sont aussi nos lieux de vie ?

Quand tu te retrouves encerclé par une bande de furieux souhaitant te tabasser pour un regard jugé déplacé, savoir que cette situation conflictuelle délirante est due à des carences psychoaffectives, à un mauvais câblage neurologique, à un sevrage prématuré d'allaitement maternel, à des berceuses effectuées trop près du mur, à des défaillances parentales, à une puberté douloureuse et chaotique, à un corps qui a changé trop vite, à l'appauvrissement du vocabulaire, aux échecs des politiques de la ville, à des dizaines d'années de renoncement et de gestion à court terme, à la forte densité de population, à un urbanisme criminogène, à la perte de repères et de valeurs, à la déliquescence de l'éducation nationale, aux jeux vidéo, aux réseaux sociaux, à l'accroissement des inégalités, au chômage de masse, à l'explosion de la cellule familiale, au morcellement de la société, au communautarisme, au repli sur soi, à l'imbrication complexe et profonde de multiples causes socio-économiques, à ceci ou à cela, ou à un peu tout cela, ça te fait une belle jambe au bras ! Si tous ces arguments peuvent permettre d'obtenir des tonnerres d'applaudissements dans la chaleur bienveillante et protectrice des plateaux de télévision ou d'un dîner mondain, pour ce qui est de sortir indemne d'une galère en temps réel, je suis un peu plus sceptique.

Disons que dans de nombreuses situations, avec intégrité physique immédiatement dans la balance, l'utilité de tout ce brillant savoir ne me paraît pas évidente. Quand t'es dans la merde, sérieusement dans la merde, le pourquoi du comment du merdier de ta terrifiante situation à la con, tu t'en moques un peu. Tu veux des solutions, pas un sujet de dissertation !

LES PILIERS POUR SURVIVRE
EN MILIEU URBAIN

Dans cet ouvrage, il ne sera pas question de qui, quoi, pourquoi. Nulle accusation, nulle récrimination, nulle ambition de changer le monde. Uniquement de l'efficacité, du réel, de l'applicable au quotidien, des réponses aux nombreux « comment sortir de ce merdier ? » d'une personne seule, perdue au milieu d'un terrifiant théâtre de guerre, désordonné et incompréhensible, censé être son paisible lieu de vie.

Pour ce faire, nous allons aborder de multiples thématiques composant la vie, et la survie, en milieu urbain, et explorer différentes parcelles du quotidien pouvant mener à bon nombre de péripéties dangereuses et regrettables. Nous décrypterons leur importance et nous tenterons de traiter le maximum de situations de la vie courante potentiellement conflictuelles afin de vous offrir un large éventail d'astuces pour vous aider concrètement au quotidien.

Les grandes thématiques :

- Les possessions terrestres.
- Les déplacements.
- Les moyens de transport.
- La connaissance du terrain.
- L'art de la conversation.
- Le combat.

Dans ce livre, il sera question des possessions terrestres et des conséquences que la détention de biens peut engendrer, des bonnes pratiques concernant les déplacements en territoire hostile, des interactions sociales problématiques et de leur gestion, des différents moyens de transport et de leurs avantages et inconvénients, de l'importance de toujours avoir une parfaite connaissance du terrain, des subtilités de l'art de la conversation en milieu urbain, ainsi que du combat et de ce qu'une personne seule et peu familière du sujet doit au minimum savoir pour éviter le gros des emmerdes.

La base de la survie, c'est une parfaite compréhension de l'écosystème dans lequel vous évoluez.

Sans une totale conscience de vos forces et de vos faiblesses, de vos qualités et de vos défauts, des risques et des dangers, des différents types de personnalités qui peuplent votre environnement, de votre positionnement dans tout ce bordel et de la marge de manœuvre qu'il vous offre, nulle existence à l'abri d'inutiles péripéties ne peut être envisagée.

Ce livre, fruit de la pratique et de mon expérience sur le terrain, a été écrit pour les personnes perdues au beau milieu de ce merdier, comprenant que quelque chose ne tourne plus rond, mais ne sachant pas par quel bout prendre le problème.

Il vous dévoilera les principes qui gouvernent la survie en milieu urbain à une époque où le vivre-ensemble n'est plus qu'une douce utopie à laquelle de moins en moins de monde croit, où de moins en moins de monde souhaite adhérer à un projet commun, où tout le monde est persuadé d'être plus important que tous les autres, où chacun est toujours plus pressé que son voisin, où tout le monde se bouscule pour pouvoir passer avant les autres, où chacun fait sécession à sa façon, où égoïsme et voracité ont pris le pas sur partage et bienveillance, où « Moi, Moi, Moi » est l'hymne d'une époque, et où la vie en îlots, regroupant diverses communautés se tenant soigneusement éloignées les unes des autres, ressemble de moins en moins à un côte-à-côte courtois et civilisé ou à un dos-à-dos distant et silencieux, mais de plus en plus à un face-à-face tendu et à une guerre permanente de tous contre tous.

LES POSSESSIONS TERRESTRES

Depuis que le monde est monde, il y a toujours eu un gus pour souhaiter faire main basse sur les biens de son prochain. C'est une constante. Ce qui fait des possessions terrestres une source non négligeable de soucis potentiellement à l'origine de désagréables péripéties. Il est donc important, pour quiconque ambitionne une vie longue et pas inutilement mouvementée, d'accorder un soin particulier à cette thématique.

Et si vous n'êtes ni un vagabond ayant abandonné le mode de vie majoritaire au profit d'une existence guidée par le hasard des rencontres et des voyages, ne possédant rien et donc pas spécialement concerné par le contenu de ce chapitre, ni un membre privilégié de l'infime portion des plus riches ayant les moyens de vivre dans des villes fortifiées, dotées de services de sécurité armés et habilités à tirer sur tout ce qui approche sans autorisation à moins de cinq cents mètres des grillages électrifiés… alors vous faites partie de l'immense majorité détenant suffisamment de trucs pour générer envie et convoitise, mais pas vraiment en mesure de les protéger.

Si la pauvreté n'est pas souhaitable et est un réel facteur de raccourcissement d'espérance de vie ; la possession de biens, si elle est mal gérée, peut aussi être une source de complications inutiles et dangereuses. Voilà pourquoi, si vous ambitionnez de détenir quelques trucs en milieu urbain, vous allez devoir faire preuve de discernement et d'ingéniosité.

Fuyez la pauvreté

Si certains, par choix de vie ou uniquement dans l'optique d'éviter le regard concupiscent des prédateurs urbains, ont décidé d'emprunter la voie du dénuement total, je ne saurais trop vous la déconseiller. À part pour quelques personnes à la force de caractère hors du commun, pour la plupart des gens, ce n'est pas une attitude saine et viable sur le long terme.

Très peu, une fois l'euphorie des premiers moments passés, sont en mesure d'encaisser la rudesse d'un tel mode de vie.

Dans le cadre de la survie en milieu urbain, tout est question d'équilibre et d'apparence. Si les démonstrations de richesse sont à bannir, une trop grande pauvreté est aussi à fuir. L'indigence est probablement le meilleur moyen de mourir prématurément. Moins on possède, plus on descend dans l'échelle sociale. Plus on descend dans l'échelle sociale, plus vite les esprits s'échauffent. Plus vite les esprits s'échauffent, et moins il y a besoin de faire quoi que ce soit pour décider un con à nous esquinter la gueule.

Tout en bas, la faute à la promiscuité, aux ventres vides, au désespoir, à la pauvreté, à la colère et à la frustration, tout le monde a les nerfs à vif. Pas rare d'en croiser qui se castagnent pour un croûton de pain rassis, pour le cul d'une clope, un regard trop appuyé ou juste pour faire passer le temps.

Mon conseil : Du dénuement, si vous le pouvez, vous ne devez en avoir que l'apparence, pas le compte en banque.

Pour vivre heureux, vivez caché

L'une des façons les plus simples et efficaces de mener une existence minimisant les risques superflus, c'est de fuir tout ce qui vous rend inutilement visible et pourrait transformer votre personne en cible de choix. À partir du moment où vous êtes invisible, il devient plus difficile de vous emmerder.

Vous avez de l'argent ? Cool pour vous ! Pas besoin de vous en délester. Pas besoin non plus de l'afficher au grand jour et de l'étaler au point d'exaspérer tous ceux qui croisent votre route. Vous voulez dépenser votre flouze, vous faire plaisir, en profiter autant que possible ? C'est bien normal. Mais faites-le de façon réfléchie et invisible du plus grand nombre. Dans des espaces sécurisés, dédiés à cet effet, loin des regards agacés de quelques énervés que de trop longues années de privation ont pu rendre susceptibles et particulièrement véhéments.

Mon conseil : Privilégiez tout ce qui va dans le sens de la discrétion et préférez toujours paraître plus pauvre que vous ne l'êtes. En vous parant d'une apparence modeste et en laissant croire à un mode de vie simple et frugal, quand bien même vous seriez blindé de thune et nageriez dans l'opulence, vous éviterez bien des tentatives de dépouillement inutiles.

Astuce : Décorez l'intérieur de votre baraque de manière fastueuse si vous le souhaitez, mais arrangez-vous pour qu'il n'en fuite rien à l'extérieur.

Écrans géants, enceintes hors de prix, installation gaming onéreuse, mobilier luxueux, cuisine dernier cri, cave à vins et grands crus, salle de sport, appareils de musculation, sauna, spa, piscine, cabine à UV, dressing de trente mètres carrés, dorures, lustres, œuvres d'art, statues, que sais-je encore. Ce que vous voulez, comme bon vous semble, ce qui vous passe par la tête, faites-vous plaisir, dépensez sans compter… du moment que vous faites en sorte que l'extérieur de votre demeure paraisse anecdotique et qu'aucune de vos folles extravagances ne fuite hors de vos murs protecteurs.

BANNISSEZ
LES SIGNES EXTÉRIEURS DE RICHESSE

Si vous souhaitez survivre en milieu urbain, vous allez devoir me faire le plaisir de retirer toutes les choses de valeur pendouillant à votre cou, à vos doigts, à vos oreilles, à vos poignets… S'il est parfaitement compréhensible de vouloir exhiber sa richesse, et de s'en recouvrir la carcasse, il n'en reste pas moins que c'est le genre de comportement qui met inutilement en péril une espérance de vie.

Dans des territoires à forte densité de population, rongés par la pauvreté et les trafics, où les emplois disparaissent plus vite qu'il en naît de nouveaux, où les opportunités sont quasi inexistantes, où les inégalités ne cessent de s'accroître, où personne n'a plus la moindre idée d'où est caché l'accès à l'ascenseur social, où les laissés-pour-compte sont de plus en plus nombreux, où les colères sont de plus en plus violentes, où les frustrations sont de plus en plus incontrôlables, où la folie et le désespoir prolifèrent et où la loi du plus fort est la seule qui est respectée et appliquée, ce n'est pas forcément une brillante idée de se promener avec deux ou trois ans de salaire d'un travailleur précaire à l'annulaire. C'est typiquement le genre de comportement qui peut transformer un tranquille apéro en terrasse ou un retour de vernissage d'un jeune artiste prometteur en une aventure particulièrement désagréable.

AVERTISSEMENT : Fuyez comme la peste les substituts en toc. De loin, tout ce que l'on distinguera, c'est un truc qui brille ; et les voleurs sont attirés par tout ce qui brille.

Après, je vois très bien ce que vous vous dites. Si l'on risque de me le dérober, autant mettre de la camelote bon marché et garder au coffre mes objets de valeur. ALERTE DANGER ! FAUSSE BONNE IDÉE ! VRAI NID À EMMERDES !

Vrai ou faux, fuyez tout ce qui brille et attire l'attention de façon inutile sur votre personne ! Déjà que ce n'est pas spécialement enthousiasmant de se faire malmener pour des objets de grand prix – qui ne valent pour autant pas que l'on se retrouve avec un dépeçoir nous chatouillant l'encolure –, je peux vous assurer que ça l'est encore moins pour de la pacotille achetée une misère sur un site Internet spécialisé dans la vente de contrefaçons de marques de luxe.

Astuce : N'exhibez rien en extérieur. Si vous souhaitez continuer à porter bagues, colliers ou boucles d'oreilles, songez toujours à les couvrir de gants, d'un col roulé ou d'un bonnet histoire de les cacher temporairement lors de vos déplacements en zone sensible. En agissant ainsi, vous éviterez d'attirer inutilement l'attention sur votre personne.

Comme dit précédemment pour la maison, prenez garde à ce que vous laissez paraître, et faites-vous plaisir sur le reste.

Lors de vos sorties, évitez le port apparent de fringues onéreuses, couvrez-vous toujours d'un blouson large, sobre et discret, et calez la joncaille dessous, hors de portée des regards envieux. Vous aurez tout loisir de vous dévoiler une fois dans un lieu chauffé et sécurisé, à l'abri du danger.

Mon conseil : Évitez de vous promener dans des zones sensibles en portant ostensiblement quoi que ce soit pouvant s'apparenter de près ou de loin à un objet de valeur ou en mesure d'attirer inutilement l'attention sur votre personne.

En milieu urbain, se balader avec des signes extérieurs de richesse visibles de tous est digne d'un film d'aventures.

Ambitionner de flâner avec, sur le dos, autour du cou, aux oreilles, aux doigts ou aux poignets, des babioles dont le prix équivaut à celui d'un trente mètres carrés avec terrasse et vue sur la mer dans une jolie bourgade du sud de la France, c'est téméraire ! Si vous n'avez pas des gardes armés pour vous accompagner – et suffisamment bien payés pour avoir le goût de vous protéger même quand la situation tournera à la fusillade avec un groupe cagoulé souhaitant vous délester de votre trop-plein –, ça peut être le début d'une odyssée ! Certains s'y sont aventurés – dont des très connus et des très riches –, ils ont eu des problèmes.

AVERTISSEMENT : Faites très attention à tout ce que vous postez sur le Web. Tous vos efforts de discrétion dans la vraie vie pourraient être balayés par quelques publications affichant trop ouvertement vos possessions. Tout ce contenu est une incroyable source d'information pour des personnes malintentionnées souhaitant en savoir plus sur vos habitudes, vos biens, vos absences, vos déplacements…

Si vous n'avez pas bâti un lucratif empire sur l'exposition de votre vie, vous devriez publier avec parcimonie et éviter tout ce qui est trop personnel et en mesure de trahir la réelle ampleur de votre patrimoine. Ne laissez pas se balader en ligne des choses qui n'ont rien à faire sur la place publique.

La disparition de biens dans l'espace public

Malheureusement, de nos jours, il n'y a pas besoin de se promener avec sur le dos l'équivalent du prix d'un studio dans une ville de province pour attirer l'attention de personnes dont on ne souhaite pas spécialement faire la connaissance. Prendre soin de ne pas exhiber ses biens n'est plus suffisant. En milieu urbain, vous aurez beau tout cacher, vous croiserez toujours des cons suspicieux qui désireront inspecter le contenu de votre sac ou de vos poches afin de s'assurer qu'il n'y a pas à l'intérieur quelque chose de sympa à s'approprier.

Mon conseil : Afin d'éviter les désagréments liés à la rencontre de gus qui décideraient d'examiner ce que vous cachez de beau sous votre blouson ou dans votre sac, pensez à ne jamais rien laisser traîner de façon trop accessible.

Techniques pour protéger ses possessions :

– Certains lieux nécessitent une vigilance accrue. Centres commerciaux, gares, spots touristiques, bars, transports en commun… autant d'endroits propices aux rapprochements non souhaités avec des aigrefins ambitionnant de s'approprier vos biens. Il est donc important d'y être attentif et de ne jamais y laisser ses possessions sans surveillance.

- Ne stockez rien de valeur dans des rangements aisément accessibles, du type : poches de veste sans fermeture, poches arrière de pantalon, poches extérieures de sac… Privilégiez les sacs en bandoulière plaqués contre vous et les sacs à dos sans ouverture apparente pensés pour protéger des vols.

- Utilisez des ceintures avec des caches pour y mettre votre argent et vos papiers, afin de vous prémunir des désagréments liés à la rencontre d'une personne aimant fouiller dans les poches des autres, à la recherche de trucs à chaparder.

- Dans les lieux où les rapprochements sont inévitables, gardez vos mains dans vos poches si vous y avez des choses de valeur. Si vos paluches y prennent toute la place, il sera ardu, pour un con souhaitant les fouiller, de les inventorier.

- Dans l'espace public, n'utilisez jamais de téléphone onéreux. Préférez l'utilisation d'un kit mains libres. Et si vous n'aimez pas les kits mains libres, utilisez un second téléphone, vieux et sans la moindre valeur. Vous éviterez ainsi d'attirer inutilement l'attention sur vous.

- Méfiez-vous des gens bizarres vous arrêtant pour des motifs improbables, des personnes vous demandant de signer des pétitions bidon, des faux touristes prétendant être perdus et autres subterfuges de ce genre ayant pour seul objectif de faire diversion et de permettre à un comparse, habile détrousseur, de s'approprier le contenu de vos poches.

- Utilisez la technique du leurre. Cette astuce consiste à avoir deux portefeuilles, un soigneusement caché et contenant vos biens de valeur et un autre dans une poche plus accessible, ne contenant pas grand-chose et destiné à être cédé en cas de rencontre avec un fâcheux souhaitant vous plumer. Ainsi, surtout si l'on sort du cadre du simple pickpocket pour celui du camé en manque prêt aux pires excès pour se payer sa prochaine dose, vous pourrez répondre favorablement à sa requête en lui donnant ce qu'il souhaite, sans que cela dégénère, ni ne vous cause trop de désagréments puisque vous ne lui aurez cédé que ce dont vous souhaitiez vous départir.

– Face à un spécimen particulièrement belliqueux ou instable, préférez toujours laisser partir vos biens plutôt que de prendre des risques inutiles. La perte d'un peu d'argent ou de matériel est préférable à une atteinte physique.

La consommation
de nicotine en milieu urbain

Si je vais me permettre de vous déconseiller l'inhalation de cigarette, ce n'est pas en rapport à votre santé. Enfin… si… et, en même temps, non. Disons, pas pour les motifs habituels.

Plusieurs études montrent que la population touchée en priorité par la dépendance à la nicotine se trouve chez les plus pauvres. Et si toutes les conneries qu'on vous rabâche pour vous inciter à arrêter, telles que votre santé, l'addiction, l'argent dépensé… sont fondées, celle dont on ne vous parle pas et dont vous devriez vous soucier, c'est que la possession de cigarettes s'apparente à la détention d'un produit de luxe.

Et, comme déjà vu plus haut, exhibition d'objets de valeur et survie en milieu urbain ne font pas bon ménage.

Le nombre d'interactions commençant par des « Hé, l'ami, t'aurais pas à une clope à nous dépanner ? » et se terminant par des cris et des flaques de sang, est impossible à recenser. Il est donc judicieux d'œuvrer à les limiter au maximum.

Astuce : Ne fumez jamais en territoire hostile. Et si vous ne pouvez pas vous détacher de cette fâcheuse habitude, fumez les pires marques dégueulasses ou avec une vapoteuse.

Si, en ne consommant que des clopes faites à partir de tabac particulièrement agressif ou au goût bizarre, vous risquez fortement de hâter le déclenchement de diverses maladies ; néanmoins, elles auront pour avantage de vous préserver d'inutiles ergotages. Personne ne voudra vous taxer ce genre de clope ou de tabac. Même en manque, la plupart des quémandeurs chicaneurs déclineront votre don, ce qui vous évitera d'avoir à refuser de leur céder tout ou partie de votre paquet, et donc, toute possibilité de vous retrouver au beau milieu d'un déchaînement de violence non souhaité.

Quant aux vapoteuses, c'est une pratique qui a l'avantage d'être si intime que c'est un peu comme une brosse à dents, c'est le genre de truc qui ne se prête pas vraiment. Il faudrait un déplorable concours de circonstances ou une vapoteuse tape-à-l'œil et onéreuse, ainsi qu'un groupe de quémandeurs particulièrement belliqueux ou très en manque, pour que vous vous retrouviez à vous la faire soutirer sur la voie publique.

Les possessions terrestres – Conclusion

Si vous êtes de nature aventureuse, au sommet de la chaîne alimentaire, l'heureux bénéficiaire d'une protection directe de la part de l'Univers ou que la durée de votre passage sur Terre vous importe peu, alors faites-vous plaisir et lestez-vous autant que bon vous semble de toute la joncaille que vous pourrez vous foutre sur le dos. Après tout, on n'a qu'une vie. Et s'il vous semble nécessaire d'en profiter à fond, sans vous priver ni vous brider, alors soit, faites-vous plaisir. Mais si vous êtes de nature prudente, pas forcément au sommet de la chaîne alimentaire, ni spécialement dans les petits papiers de l'Univers ou que votre notion du bonheur est liée à celle de longévité et à l'évitement de situations pouvant mener à l'altération de votre anatomie, alors je ne peux que vous conseiller de fuir tout ce qui peut s'apparenter à un signe extérieur de richesse.

En territoire hostile, posséder est moins le problème qu'exhiber. Afin de préserver votre intégrité physique, je ne peux que vous exhorter à éviter l'ostentation. Le seuil de tolérance étant proche de zéro, vos chances de vous promener dans un quartier dangereux avec un bijou onéreux au poignet en ayant l'opportunité de le ramener à bon port sont quasi inexistantes. Soyez-en conscient et agissez en conséquence.

LES DÉPLACEMENTS

Nulle place pour la flânerie ou l'insouciance lorsque l'on est en mode survie. Les grands ensembles urbains ne sont pas des terrains de jeu, ni des endroits propices à la détente, aux innocentes excursions et autres pique-niques improvisés. Ce sont des théâtres de combats, des arènes sanglantes et impitoyables, des lieux de lutte, de rodéos et de trafics.

Le milieu urbain n'est pas un parc naturel où la faune et la flore ont été apprivoisées pour permettre aux humains de laisser libre cours à leurs fantaisies et de pratiquer leurs loisirs en toute tranquillité. Bien souvent, le milieu urbain est un lieu pensé pour les promoteurs immobiliers, pas pour les gens. Et quand la maximisation des gains prend le pas sur le reste, la sécurité est généralement oubliée. Si certains de ces espaces ont la chance d'être dénommés sous la pittoresque appellation de zones de non-droit, cela donne une idée du problème.

Même si, il faut bien le reconnaître, cette appellation de zones de non-droit est trompeuse, car si ce sont bien des territoires où le droit officiel ne s'applique pas, ce ne sont pas des lieux sans lois pour autant. Partout, tout le temps, il y a toujours quelqu'un qui fait régner la loi… ou, du moins, sa loi, à défaut de celle des autorités officielles. Et si ce n'est pas vous, ou un membre de votre famille, ou un proche ami, qui avez pris le relais de la République pour tout ce qui concerne la gestion des litiges, des cultes, de l'éducation, de la voirie, de la mode vestimentaire, de l'aménagement de l'espace urbain, des taxes imposées aux uns et aux autres, des baux commerciaux, des licences d'exploitation des points de vente, des droits de douane, des autorisations de déplacement des biens et des personnes sur l'ensemble du territoire en question… vous avez tout intérêt à y oublier la flânerie et les promenades insouciantes, un brin de paille à la bouche, les yeux dans le vague, le cœur léger et un sourire béat aux coins des lèvres.

Mon conseil : De la même façon qu'un général d'armée n'a pas vocation à flâner sur le champ de bataille, mais à prendre les bonnes décisions et à avoir l'avantage sur son adversaire, préparez minutieusement vos sorties et soyez sur vos gardes. Baguenaudez uniquement dans des lieux dédiés à cet effet. Concernant tous les autres, privilégiez l'efficacité.

Avant chaque sortie, vous devez vous demander :

– Quel est le but de ma sortie ?
– Quel est le parcours idéal ?
– Quels sont les lieux à risques ?
– Quels sont les endroits à éviter ?
– L'horaire est-il adéquat à une sortie ?

– La population présente est-elle de bonne humeur ?
– Suis-je correctement équipé pour sortir ?
– Cette sortie est-elle réellement indispensable ?
– Ai-je sur moi des objets sources de problèmes ?
– Ai-je sur moi des objets sources de solutions ?

En fonction des réponses apportées à ces questions, vous pourrez décider de la meilleure attitude à adopter lors de votre déplacement. Si vous ne parvenez pas à émettre des réponses claires et précises à chacune de ces questions, c'est que cette sortie n'est sans doute pas indispensable ou manque d'un peu de préparation pour pouvoir être envisagée sereinement.

Limitez
les interactions inutiles

La vie en milieu urbain est génératrice d'un nombre incalculable d'interactions. En ville, qu'on le veuille ou non, qu'on soit d'humeur ou pas, bien luné ou pas plus que ça, la tête dans le fion ou frais comme un gardon, la question ne se pose pas et le choix n'existe pas, nous sommes contraints à être les uns à côté des autres, toujours plus ou moins les uns sur les autres. Et, forcément, tant de promiscuité et d'intimité partagée pas toujours désirée, peuvent être sources de tension.

Si beaucoup de ces collés-serrés relationnels plus ou moins subis avec nos congénères peuvent avoir une issue positive et enrichissante, ce n'est malheureusement pas le cas pour tous. Énormément de ces interactions peuvent avoir des conséquences néfastes et dévastatrices et sont en mesure de faire salement dérailler le cours d'une existence. Il est donc de la plus haute importance d'en comprendre les mécanismes et de savoir les éviter, ou les gérer, lorsqu'elles se présentent. D'autant plus quand on réalise que pertes de temps, ulcères, altercations et prises de risques superflues sont tout ce qu'elles vous apporteront ; et qu'hôpitaux, commissariats, tribunaux ou prisons sont les seuls lieux où elles vous mèneront.

Mon conseil : Limitez les interactions inutiles afin de pouvoir consacrer votre précieux et court temps de vie à des activités plus constructives et valorisantes que des prises de tête vaines et vides de sens avec des demeurés de l'existence s'épanouissant uniquement dans les embrouilles et la violence.

En territoire hostile ou dans des zones à l'ambiance bizarre, limitez vos interactions et occupez-vous de vos affaires. Dites-vous que tout ce qui ne vous concerne pas directement ne vous concerne pas du tout. Vous éviterez ainsi de vous retrouver dans des foutoirs qui, au départ, ne vous regardaient pas, ni de près, ni de loin. En milieu urbain, les emmerdes viennent à vous toutes seules, pas besoin de les chercher ou de les provoquer. Ne soyez pas inutilement gourmand.

À part si vous êtes un professionnel de la castagne, un membre des forces de l'ordre ne voyant pas d'inconvénients à tenter des interpellations sur son temps libre, ou un dilettante de la mandale apte à endormir n'importe lequel de ses congénères grâce à des comptines prenant la forme de brutaux crochets au menton, je ne vois vraiment pas de raison de vous aventurer dans des embrouilles qui ne vous concernent pas.

Si votre objectif est d'aller d'un point A à un point B, ne laissez pas un demeuré de l'existence vous en détourner et vous embringuer dans une suite d'interactions qui ne pourra se solder que par une désagréable rencontre avec un médecin urgentiste ou un avocat commis d'office. Ne laissez jamais le cours paisible de votre quotidien être entraîné dans un inutile tourbillon de démence par un furieux avide de chicanes.

L'ÉPINEUSE PROBLÉMATIQUE DU PARTAGE DE L'ESPACE SUR LES TROTTOIRS

Je ne sais pas si vous avez remarqué, mais, de nos jours, il y a vraiment trop de trous du cul persuadés que les trottoirs appartiennent à leur grand-mère ou à je ne sais trop quel autre membre de leur conne de famille. Et vas-y que ça prend toute la place, et vas-y que ça ne se décale pas, et vas-y que ça marche sans regarder où ça avance, et vas-y que c'est persuadé que c'est aux autres de se pousser, et vas-y que ça s'amuse à laisser traîner une épaule. Un truc de fou !

Le plus dingue, lorsque l'on observe attentivement cette déplorable situation, c'est qu'il y a vraiment de tout parmi les cons appréciant de jouer au plus con sur les trottoirs !

Ça va des traditionnels groupes de jeunes belliqueux à la recherche d'embrouilles, en passant par les couples persuadés que leur amour leur vaut un passe-droit leur permettant de s'octroyer toute la place, les personnes âgées prenant un malin plaisir à occuper tout l'espace avec leur chariot, les adolescents lobotomisés, les yeux rivés sur l'écran de leur téléphone, des écouteurs avec le son à fond dans les oreilles, titubant dans l'existence comme évolue une boule de flipper, les « bon chic bon genre » d'un certain âge qui s'octroient toute la place, convaincus que leurs tendres petons aristocratiques n'ont pas à partager le sol qu'ils foulent avec ceux de la vile populace, j'en passe et j'en oublie.

C'en est à un point où je préfère marcher sur la route, au milieu des voitures, même aux heures de pointe, plutôt que d'utiliser les trottoirs. Ça me paraît plus sûr.

Quand je me déplace sur un trottoir, peu importe la raison, je sais d'avance que je ne pourrai pas aller là où je souhaite me rendre, sans avoir à faire un détour par les urgences ou le commissariat, sans m'être fait insulter ou avoir insulté, sans avoir distribué quelques torgnoles ou reçu une ou deux mandales. Même pour des trucs aussi anodins qu'aller acheter une connerie à manger, la sortie ne peut se dérouler sans que ça dégénère. Alors que tu rentres chez toi, après une dure journée de boulot, et que tu veux juste te caler devant un bon film, faut que tu te retrouves à t'embrouiller, un sac plein de nourriture dans une main, deux kilos de pommes dans l'autre et une cagette de clémentines coincée sous le bras, avec un con qui croit que la portion utilisable de trottoir par chacun est au prorata des impôts acquittés… et qui, visiblement, semble en payer suffisamment pour s'arroger l'intégralité. Enfin bref… tout ça pour dire qu'il n'est plus possible de s'aventurer sur les trottoirs de nos belles villes sans s'y être préparé. Vous devez donc impérativement développer des aptitudes permettant d'éviter le gros des emmerdes auxquelles on y est confronté.

Astuce : Marchez en regardant loin devant et anticipez.

Avec un peu d'expérience, il est assez facile de reconnaître les profils qui occuperont toute la place, ne se pousseront pas ou prendront un malin plaisir à laisser traîner une épaule. Ainsi, vous pourrez les esquiver plus aisément et vous éviterez de perdre du temps dans des altercations vides de sens. Pour déjouer les provocations des spécimens les plus belliqueux, une simple esquive ne suffira probablement pas. Prenez les devants et changez de trottoir. Certes, vous n'y êtes pas obligé. Certes, ils sont à tout le monde, ces fichus trottoirs. Certes, vous aussi, vous avez droit de vous y mouvoir. Certes, vous aussi, vous payez des impôts. Certes, sans doute plus que ce con qui prend toute la place. Certes… Mais pourquoi y rester coûte que coûte quand on sait que ça va générer la perte de précieuses calories qui pourraient être utilisées à des tas de trucs plus intéressants, et très probablement se finir dans les insultes, les cris et le sang ? Faire preuve d'intelligence et d'anticipation, afin d'économiser son inestimable et limité temps de vie pour des choses qui en valent véritablement la peine, me paraît une attitude saine et sage à adopter.

Déplacez-vous
dans les bonnes conditions

Si vous le pouvez, évitez de vous déplacer seul en territoire hostile, mais fuyez aussi les groupes trop importants.

Mon conseil : Privilégiez les ensembles d'environ quatre à huit personnes avec, si possible, quelques-unes ayant des physiques imposants ou une allure en mesure de dissuader une horde de casse-couilles de trop s'approcher.

Un groupe compact est l'idéal pour se mouvoir, ainsi que pour se défendre en cas d'attaque. Contrairement à un groupe trop imposant qui, une fois attaqué, s'éparpillera, cédera à la panique, créera des mouvements imprévisibles et destructeurs et offrira une belle partie de chasse aux prédateurs qui n'auront plus qu'à se jeter sur les proies esseulées, blessées et vulnérables de cet imposant groupe devenu incontrôlable.

Un groupe compact et soudé permet la transmission rapide d'instructions et la mise en place de stratégies pour se défendre. Si votre petit groupe est familier des techniques de survie et ne se laisse pas impressionner par les premiers grognements menaçants d'une meute avide de confrontation, il y a de fortes chances que vous fassiez fuir bon nombre de fâcheux qui préféreront se rabattre sur des groupes moins bien préparés pour faire face à leurs tentatives d'agression, et donc, plus faciles à terrifier et à éparpiller.

AVERTISSEMENT : Manifestations, événements sportifs, concerts, festivals, fête nationale, bals, animations de rue... sont très souvent des événements mélangeant exubérance, importante densité et forte consommation d'alcool. Ils doivent donc être abordés avec une attention accrue et permanente. Mouvements de foule incontrôlés, esclandres, bagarres, groupes de casseurs, interventions policières musclées... les possibilités de voir ces moments festifs s'assombrir et mal tourner sont nombreuses. Profitez-en, mais restez vigilant.

Astuce : Lors d'événements avec de la foule, partez tant que l'ambiance est encore bon enfant et ne restez pas trop après la tombée de la nuit. Beaucoup de ces rassemblements dérapent vers la fin, lorsque les esprits s'échauffent, que le taux d'alcool dans le sang des uns et des autres atteint un seuil dangereux, que les videurs de poche commencent à apparaître et que la densité d'énergumènes à la recherche de problèmes augmente. Lorsque la conclusion de l'événement approche, ou a sonné, il n'est pas utile de trop s'attarder... à moins d'être un amateur de castagne et d'être dans les parages essentiellement dans une optique querelleuse.

Gérez les déplacements en solitaire

Lors de vos déplacements en solitaire, soyez sûr de vous et évoluez sans laisser transparaître de crainte.

Gardez la tête droite, regardez loin devant pour bien observer ce qu'il se passe autour de vous, mais prenez toujours soin d'éviter les contacts visuels inutiles. Ne marchez pas les épaules voûtées et la tête basse. Ne baissez pas les yeux, ne rasez pas les murs, n'ayez pas un comportement de bête traquée et apeurée. Ne rêvassez pas ou ne faites pas quelque chose d'autre qui accaparerait une grande partie de votre attention. Les prédateurs urbains s'attaquent généralement à ce qu'ils estiment être des proies vulnérables ou inattentives. Une telle attitude n'est donc pas idéale. En faisant preuve d'attention et d'assurance lors de vos déplacements, vous donnerez l'impression d'une personne sûre d'elle et de ses capacités, et vous devriez ainsi, grâce à votre langage corporel, dissuader bon nombre de malotrus de vous importuner.

AVERTISSEMENT : Assurance ne veut pas dire morgue ou provocation. Il n'est pas question de défier qui que ce soit du regard, de marcher le menton vainement haut ou d'adopter des postures qui pourraient être perçues comme du défi ou de la provocation. L'objectif est d'être catégorisé comme une personne sûre d'elle qu'il est préférable de ne pas enquiquiner, pas pour un gros bras va-t-en guerre cherchant à imprimer sa marque sur le territoire qu'il traverse. En agissant de la sorte, nul doute que vous finirez tôt ou tard par tomber sur un fou furieux qui répondra positivement à vos signaux non verbaux. Ce qui pourrait être l'inutile point de départ d'une situation conflictuelle superflue aux conséquences imprévisibles.

Astuce : Lors d'un déplacement en milieu hostile seul, utilisez la technique de la conversation téléphonique. S'il y a réellement quelqu'un à l'autre bout du fil, c'est un plus qui augmentera vos chances d'être secouru en cas de problème, mais elle fonctionne aussi très bien sans personne. Le plus important n'est pas de parler véritablement avec quelqu'un, mais de donner l'image d'une personne en communication et en mesure de prévenir immédiatement des secours en cas d'agression. Dans la plupart des cas, sauf bestiole sans repères particulièrement secouée du ciboulot, ce subterfuge vous permettra de ne pas être importuné.

Avertissement n° 1 : Vous devez être au téléphone pour vous protéger, pas pour papoter sans prêter attention à ce qui vous entoure. Un tel comportement peut être préjudiciable. Restez toujours attentif à tout ce qui se passe autour de vous.

Avertissement n° 2 : Privilégiez les vieux téléphones sans la moindre valeur. Cette même technique, effectuée avec un téléphone de dernière génération hors de prix, peut virer au fiasco et se conclure par une violente agression.

Si vous avez la chance de pouvoir vous offrir un téléphone dont le coût équivaut à un mois de salaire d'un travailleur moyen, utilisez-le uniquement dans des lieux sécurisés. Faites en sorte de vous munir d'un second téléphone sans la moindre valeur marchande avec un forfait à bas coût, afin de pouvoir en faire usage dans ce type de situation. Coupez le téléphone officiel, et n'y touchez pas durant vos déplacements. Le montrer ou l'utiliser, c'est vous exposer à une attaque superflue qui pourrait s'avérer particulièrement dévastatrice.

Si vous êtes seul dans un lieu de transit hostile, essayez d'intégrer ou de vous rapprocher d'un groupe d'apparence bienveillante et traversant le même parcours que vous. Si cette protection n'est que temporaire, malgré tout, elle vous permettra de ne pas avoir à parcourir, seul et à découvert, les parties les plus sensibles et dangereuses de votre trajet.

En cas de mauvaise organisation de ce groupe, quittez-le. Si, emplis de joie et de naïve insouciance, les membres de ce groupe se mettaient à chanter, à danser, à crier, à escalader le mobilier urbain ou à adopter n'importe quel comportement attirant trop l'attention, remerciez-les et reprenez votre route.

Astuce : Si vous ne trouviez pas de groupe à intégrer et que l'ambiance devenait bizarre ou que de trop nombreux profils d'excités étaient proches de vous, pénétrez dans un lieu de vie fréquenté. Agir ainsi est une bonne façon de se soustraire d'une situation qui prendrait une tournure étrange et de s'en protéger grâce à des témoins, des vigiles et des caméras.

Interdisez-vous
la susceptibilité

Le degré de nervosité générale en milieu urbain est si élevé que se faire insulter sans raison est devenu chose courante. Il est donc important de ne pas se laisser aller à d'inutiles débordements et de travailler à adopter le bon comportement.

Être susceptible dans un environnement à risque est un luxe possible seulement pour les bestiaux ultra-dominateurs. Et encore, un coup en traître peut coucher même les plus balaises. Pesez bien le pour et le contre avant de vous énerver.

Si quelqu'un vous dit : Tu fais vraiment trop le beau, toi, avec tes airs supérieurs et ton look de prétentieux !

Si quelqu'un vous dit : Tu voudrais pas me sucer la teub et me faire reluire les bouliches avec ta petite langue de pute ?

Pas besoin d'être une personne hypersensible avec des nerfs à fleurs de peau pour se sentir gratuitement pris à partie par ce type d'interpellation. Il est normal de vouloir riposter du tac au tac et de rendre à ce malappris la monnaie de sa pièce. Néanmoins, dans le cadre de la survie, nulle place pour une quelconque susceptibilité. Quand bien même vous auriez envie de rétorquer quelque chose de cinglant, peut-être même de corriger verbalement le malotru à l'origine de l'offense, abstenez-vous. Ça vous évitera bien des emmerdes inutiles.

Ne répondez surtout pas : Mais qu'est-ce t'as ? T'as mal au cul parce que t'as le charisme d'une saucisse avariée ?

Ne répondez surtout pas : Ça m'aurait beaucoup plu, mais là j'ai pas trop le temps, désolée. Mais n'hésite pas à convier ta pute de mère ou ta salope de sœur à te la sucer et te les polir !

Certes, de telles reparties pourraient être à la hauteur de l'affront initial, mais elles pourraient aussi être à l'origine d'une escalade de la violence verbale qui ne saurait se solder que par du sang, des interpellations et des hospitalisations.

Mon conseil : Préférez faire comme si vous n'aviez rien entendu et poursuivez tranquillement votre chemin.

Astuce : Dans les secteurs à l'ambiance bizarre, afin de décourager certains importuns d'entrer en communication avec vous, évitez autant que possible les contacts visuels inutiles et déplacez-vous avec un casque audio sur la tête, de préférence sans la moindre valeur, histoire de prévenir les soucis liés aux gus que la vue d'un bien onéreux rend fébriles. Ainsi, vous limiterez les ennuis résultant de la rencontre avec des loustics ayant choisi de faire de la chicane un hobby.

Attention, en revanche, à ne pas utiliser votre casque pour écouter de la musique, ou alors ne mettez pas le son trop fort !

Vous devez toujours être très attentif à tout ce qu'il se passe autour de vous. Aucun moment d'inattention n'est possible en extérieur. Le but de cette astuce est de réduire la perception des bruits de bouche bizarres, des sifflements, des remarques désobligeantes, des insultes… et de limiter les interactions inutiles avec des gros lourds. Pas d'écouter du gros son.

Soyez toujours
un parangon de politesse

Dans la continuité du conseil précédent, vous devez être conscient de l'importance de la politesse en milieu urbain.

Les gens sont à un tel degré de frustration, ont tellement la haine sans raison, sont tellement sur les nerfs en permanence, que tout peut être prétexte à un déchaînement de violence verbale totalement disproportionné, vous valoir une brutale altercation et être le point de départ d'une féroce baston. On ne compte plus le nombre de personnes qui ont fini en service de réanimation suite à un léger manquement à la politesse.

Si vous voulez mon avis, ce serait quand même con de parvenir à survivre aux plus dangereux des pièges et aux plus vicieux des prédateurs pour finir par se retrouver à l'hosto juste parce qu'on aurait omis de dire bonjour ou merci.

Mon conseil : Quels que soient le lieu, les personnes, la situation, les provocations, les affronts, votre niveau de fatigue ou de saturation, soyez toujours un parangon de politesse. Pensez constamment à dire « bonjour », « s'il vous plait », « merci » et « au revoir ». Ne les omettez jamais !

AVERTISSEMENT : Cette règle ne fonctionne que dans un sens. Vous y êtes soumis et vous devez vous y soumettre si vous ambitionnez de survivre, tandis qu'il y a de grandes chances que vos vis-à-vis usent de certaines libertés la concernant, voire s'en contrefoutent totalement.

Si vous aspirez à survivre en milieu urbain, ne vous formalisez jamais sur le manque de savoir-vivre ou la désespérante grossièreté de vos vis-à-vis, et soyez toujours un parangon de politesse. Ne faites pas l'erreur potentiellement fatale de croire en une quelconque obligation de réciprocité dans cette règle. Il n'en va pas ainsi en terrain hostile. Il y a des choses que vous devez faire sans jamais attendre, espérer ou exiger qu'on vous les concède en retour. Avoir un état d'esprit de ce type ne pourrait que vous foutre dans des situations fâcheuses et desquelles il ne ressortirait rien de bien positif.

Notifier son inconvenance ou reprocher son absence de bonnes manières à des interlocuteurs discourtois en milieu urbain, quand bien même le manquement aux règles élémentaires de politesse et de savoir-vivre serait flagrant et dépassant tout ce qu'un gentilhomme ou une gente dame peuvent décemment accepter, n'est pas une attitude saine ou sage. Même dans l'hypothèse où les malappris iraient jusqu'à vous outrager verbalement et vous insulter ouvertement, vous devez rester un monument de stoïcisme et de maîtrise. Pensez long terme en lieu et place de satisfaction immédiate.

Encaissez en silence, avec le sourire, et préférez toujours un court désagrément à six mois en service de réanimation ou à trois ans d'emprisonnement pour coups et blessures.

Face à des propos du type : Hé, salut, tête de nœud ! Qu'est-ce tu racontes de beau, mon couillon ? La forme ?
Essayez toujours de répondre quelque chose de calme et courtois du type : Ça va bien, merci. C'est très gentil de votre part de prendre de mes nouvelles. Belle journée à vous.

Face à des propos du type : La putain de toi, t'vois pas que j'suis pressé, enfoiré ! BOUGE ! Bouge ou j'te crève la gueule !
Essayez toujours de répondre quelque chose de calme et courtois du type : Désolé, je ne vous avais pas vu. Toutes mes excuses pour le désagrément. Allez-y, passez. Bonne journée.

AVERTISSEMENT : Aucune trace de tonalité narquoise ou bravache ne doit être présente dans votre réponse, sans quoi elle pourrait accélérer l'escalade de la violence verbale.

Si vous n'êtes pas en mesure de faire des réponses basées sur la politesse sans laisser transparaître votre agacement, abstenez-vous de répondre quoi que ce soit et poursuivez votre route. Le silence est préférable à des altercations stériles.
Il ne résulterait rien de positif d'une confrontation, même dans l'hypothèse où vous en sortiriez vainqueur.
Ne gâchez pas un précieux temps de vie et ne prenez pas le risque d'hypothéquer un avenir prometteur dans des querelles vides de sens à l'issue plus qu'incertaine. Ce n'est pas facile, je le sais, la tentation de distribuer de brutales torgnoles amplement méritées peut être grande… mais c'est plus sage.

DÉSAMORCEZ LES ESCALADES
DE VIOLENCE VERBALE

Le problème, de nos jours, c'est que même la fermer ou être poli ne suffit pas forcément à se sortir d'un bourbier. Vous pouvez tomber sur un con vraiment très con qui, alors qu'il vient de vous outrager de façon gratuite et imméritée, ne saisira pas pourquoi vous ne lui prodiguez pas des marques d'amitié et de reconnaissance en retour. Ne cherchez pas à comprendre. Quand on est con, on est con ! Cherchez plutôt à vous protéger du potentiel de nuisance de ce type de con en mettant en place des techniques capables de vous sortir de ces situations sans avoir à chambouler tout votre programme de la journée pour un con qui n'en vaut absolument pas la peine, et dont la fréquentation trop prolongée ne pourrait vous valoir que détours par les urgences ou le commissariat.

Techniques pour fuir une escalade de la violence :

– Ne montrez jamais de signes d'agacement. Ne répliquez pas aux provocations. Ne répondez pas aux insultes.

– Face à un con, ou à un groupe de cons, vous dévisageant dans l'espoir d'un début d'altercation, ne rentrez pas dans une bataille de regards qui ne pourrait que vite dégénérer. Faites comme si de rien n'était et poursuivez calmement votre route.

– Acquiescez à toutes les conneries que ces cons pourraient vous sortir, aussi désobligeantes ou injurieuses soient-elles. Ne cherchez pas à vous faire justice ou à avoir le dernier mot. Cherchez à mettre le maximum de distance entre eux et vous.

– Ne laissez pas transparaître une éventuelle peur. Restez souriant. Parlez toujours de façon calme, sûre et courtoise. Tentez, autant que possible, de garder une distance de sécurité. Restez éloigné de ces cons afin de ne pas risquer de vous faire alpaguer au cours d'un échange qui prendrait une tournure bizarre. Essayez de ne pas vous arrêter. Poursuivez votre chemin, tranquillement, sans morgue ni agacement. Souriez, ralentissez un peu si nécessaire, répondez de façon calme et courtoise, mais continuez à avancer.

– Si la menace devenait sérieuse, prétextez une urgence ou un rendez-vous professionnel important pour justifier votre obligation à poursuivre votre progression.

– Faites semblant de devoir décrocher votre téléphone pour justifier la fin de ce passionnant échange.

– Trouvez autour de vous des gens pour vous porter assistance. Interpellez, directement et de façon précise, une personne pour qu'elle vous vienne en aide, afin de ne pas vous retrouver confronté à l'indifférence de la foule.

– Faites signe à quelqu'un qui passe dans les parages ou rapprochez-vous d'un groupe et faites semblant d'en connaître les membres afin de vous extirper de ce bourbier.

– Pénétrez dans un commerce ou n'importe quel lieu de vie occupé et demandez de l'aide aux personnes présentes.

Dans le cadre d'une tentative de séduction par une bande de jolis cœurs particulièrement insistants, aux techniques de drague improbables commençant par d'étranges paroles du type « Putain, t'es grave bonne » ou « Est-ce que tu suces ?! » et se terminant dans un nombre de cas non négligeable par des interactions inutiles, désagréables et potentiellement dangereuses, si tout ce qui a été précédemment mentionné ne vous a pas permis de mettre de la distance entre vous et ces fâcheux, il reste l'astuce de la seconde ligne téléphonique.

Déclarez que vous auriez beaucoup aimé prolonger cette conversation, donnez le numéro d'une ligne téléphonique secondaire, acceptez un verre ou un dîner aux chandelles s'il le faut, puis prétextez un rendez-vous urgent pour déguerpir et mettre le maximum de distance entre vous et ces princes pas charmants très angoissants.

Lorsque l'on se retrouve face à un groupe d'amoureux transis, bien décidés à nous parler qu'on le veuille ou non, souhaitant à tout prix récupérer notre numéro de téléphone sans se soucier de savoir si cette envie est réciproque ou pas, et prêts à nous casser la mâchoire pour nous convaincre de leur laisser une chance de nous séduire, il est plus prudent de ne pas catégoriquement refuser, même si c'est notre première intention. Et notre seconde. Et notre troisième. Et notre vingt-cinquième… Pour éviter tout débordement, si vous sentez que vous êtes face à un groupe dont vous ne parviendrez pas à vous défaire, il est préférable de ne pas émettre de réserves au sujet de ces débuts de sentiment soudain et de faussement répondre favorablement à leur demande en leur donnant le numéro d'une ligne secondaire. Attendez quelques heures, puis résiliez votre abonnement et prenez-en un nouveau, ainsi vous éviterez d'avoir à gérer le problème des réceptions de photos d'organes sexuels ou celui des menaces de mort face à votre silence suite à leurs multiples mots doux du type « Sa T di de Nou sucé ? » ou « Ona tro anvi de T Baizé ! »

Avantage(s) : Vous n'avez pas à subir d'insultes, de menaces, voire pire, des suites d'un compréhensible refus. Et, comme la ligne existe réellement, si les séducteurs à la main leste testaient le numéro avant votre départ, vous éviteriez de vous retrouver dans la désagréable situation de faire face à des personnes à la santé mentale instable et à qui vous viendriez de mentir les yeux dans les yeux.

Inconvénient(s) : Dans la déplaisante hypothèse où vous les recroiseriez, ces soupirants détraqués pourraient souhaiter vous demander pourquoi, lorsqu'ils ont tenté de vous appeler pour vous faire part de leurs sentiments à votre égard, ils sont tombés sur une ligne hors d'usage. Et là, la discussion pourrait prendre une drôle de tournure. Désamorcez immédiatement le malaise en leur disant que vous vous êtes fait voler votre téléphone et, avant même qu'ils vous le demandent, pour bien montrer votre bonne foi, donnez-leur le numéro de votre nouvelle ligne secondaire, puis, encore une fois, mettez de la distance et résiliez votre abonnement. En revanche, cette fois, prenez soin de porter plainte au commissariat le plus proche.

Une troisième rencontre / tentative de séduction n'étant pas chose souhaitable, un changement d'itinéraire ou une intervention des forces de l'ordre sont les seules possibilités de voir ce début d'histoire d'amour se conclure paisiblement. Si *le cœur a ses raisons que la raison ignore*, quand « l'amour » frappe le cœur d'un barjot, il est toujours préférable de mettre un maximum de distance entre lui et nous pour s'en protéger.

ALTERNATIVE – ALTERNATIVE – ALTERNATIVE – ALT
Si le désamorçage d'une éventuelle escalade de la violence ne vous intéresse pas des masses et que vous sentez qu'un « Répète c'que t'as dit ! Vas-y répète, enfoiré ! J'entends pas ! Plus fort, trou du cul ! Alors, c'est qui, qui fait trop le beau avec son look de prétentieux ? Hein ? C'est qui, qui va sucer des teubs ou faire reluire des bouliches ? Hein ? C'est qui, qui est pressé ? Parle plus fort, tête de nœud, j'entends pas ! Et pleure pas en même temps, j'pige que dalle à c'que tu baves ! Gnagnagna, désolé, j'regrette… fallait y penser avant à tout ça, enfoiré » correspond plus à votre personnalité, alors foncez.

Si votre positionnement dans la chaîne alimentaire, par rapport au rustre ayant usé de trop grandes libertés oratoires à votre encontre, vous le permet, foncez ! Je ne suis pas là pour vous brider ou vous contraindre à agir à l'encontre de votre nature profonde. Je suis là pour vous aider à mettre en place les meilleures stratégies pour survivre. Si vous êtes doté de la capacité physique d'enrichir la ponctuation de vos phrases en agrémentant virgules, points d'interrogation et d'exclamation de brutales mandales, alors foncez ! Enfreignez ce conseil avec joie et faites-vous plaisir ! Mais, bien entendu, toujours dans le respect de la loi, la fraternité, le partage et la bienveillance.

Avantage(s) : Vous n'allez pas à l'encontre de votre nature profonde et vous laissez s'exprimer votre sensibilité.

Inconvénient(s) : Le précieux temps de vie inutilement perdu à tabasser un demeuré de l'existence qui aurait pu être consacré à des activités plus constructives et épanouissantes, l'escalade de la violence, de potentiels soucis avec la justice et les problèmes de santé inhérents aux techniques mettant la distribution de torgnoles au cœur de la méthode pédagogique.

ALTERNATIVE – ALTERNATIVE – ALTERNATIVE – ALT

Choisissez bien
votre animal de compagnie

En milieu urbain, se balader avec le bon type d'animal est une astuce apte à limiter grandement certaines interactions sociales désagréables ou inutiles, et peut s'avérer un puissant atout en mesure d'augmenter votre bien-être lors de vos déplacements… à condition, bien entendu, de bien le choisir.

L'idée, ce n'est pas de vous faire plaisir et de vous prendre l'animal de vos rêves, du type : magnifique spitz nain, sublime shetland ou splendide chow-chow, afin de parader fièrement avec dans votre quartier. Alors oui, ces animaux sont trop mignons ! Oui, ils sont choupinous ! Je ne dis pas le contraire. Mais, en milieu urbain, à quoi servent ces jolies bestioles ?

Ne vous fatiguez surtout pas à me répondre, c'était une question purement rhétorique. J'ai déjà un avis clair et précis sur le sujet. La seule utilité de ces magnifiques bestioles, en milieu urbain, c'est de servir de biscuit apéritif au pitbull du trafiquant de drogue du coin. Ni plus ni moins. C'est comme les souris pour les propriétaires de serpent, le truc n'est là que pour être ingurgité au cours de la journée. Il n'a pas d'autre utilité. Ce n'est donc pas avec ces animaux, aussi beaux et affectueux soient-ils, que vous obtiendrez un quelconque avantage concurrentiel en territoire hostile en mesure de vous aider à préserver votre intégrité physique.

Mon conseil : Hideuse, laide, terrifiante, imposante… trouvez la bestiole à la mine la plus repoussante.

Alors ouais, je sais, c'est moins sympa qu'un chow-chow, qu'un shetland ou qu'un spitz nain, mais pour ce qui est d'aider à survivre, ça fait le job ! Vous devez impérativement vous détacher de toute sensiblerie et choisir la bestiole la plus effrayante et repoussante possible. Si elle ne vous sera sans doute pas d'un grand réconfort émotionnel, contrairement à ce que l'on serait en droit d'attendre d'un animal de compagnie, et qu'elle ne vous permettra pas de lui créer des comptes sur les réseaux sociaux afin de briller à travers elle, elle vous sauvera les miches à plus d'une reprise.

Si vous la trouvez moche et flippante, dites-vous que les autres la trouveront encore plus moche et flippante et, en conséquence, ne prendront pas le risque de vous approcher.

Avec le temps, une forme d'attachement finira sans doute par apparaître et une petite source de consolation pourra éventuellement émaner de votre relation. Néanmoins, il est fort possible que cela n'arrive jamais et que sa mocheté vous empêche tout élan d'amour ou sentiment. Pour autant, prenez garde à ne pas laisser une forme de rancœur à son égard vous gagner et ayez toujours la force de caractère d'au moins lui être reconnaissant pour sa protection et sa contribution valeureuse à votre survie dans un monde de fous furieux.

Être délicat est une chose, être ingrat en est une autre !

Mais, me direz-vous, comment faire pour devenir le maître d'une bestiole hideuse, terrifiante, imposante, repoussante, et en mesure de préserver une espérance de vie ?

Excellente question ! Si la nature regorge d'animaux laids et effrayants, leur possession est souvent interdite. Que ce soit parce qu'ils sont en voie de disparition et protégés, parce qu'il est trop compliqué pour un particulier d'accueillir ce type d'animal sauvage à son domicile sans courir de risques, parce qu'il est inenvisageable de les trimballer dans la rue au bout d'une laisse, beaucoup ne sont pas des options possibles.

Astuce : Regardez du côté des animaux de compagnie qui ont une apparence impressionnante et repoussante.

Bouledogue, boxer, bull-terrier, corniaud à la dégaine improbable… Vous avez le choix en ce qui concerne les chiens costauds, effrayants, capables de développer un amour sans limites pour sa famille et de tenir éloigné les importuns.

Pour vous faire part de mon expérience, afin d'améliorer ma qualité de vie au quotidien en milieu urbain et diminuer le nombre d'enquiquineurs venant me chercher des noises sans raison, je me suis pris un gros chien bien costaud et très moche avec d'énormes babines pleines de bave.

L'avantage, avec celui que j'ai choisi, c'est que, de base, la bestiole dégoûte tous les gens qui ne sont pas de très grands amoureux des chiens. Une simple caresse vous offrant la chance de repartir avec cinq litres de bave sur les mains et sur vos fringues, ça calme les ardeurs de plus d'un ami des bêtes à vouloir franchir un périmètre de sécurité pour vous causer. C'est le genre de cadeau qui fait très vite de la place autour de soi. Et si sa simple présence à mes côtés m'a permis de voir baisser le nombre de cons s'approchant de ma personne avec des arrière-pensées laissant à désirer, afin de faire bonne mesure, je ne le retiens jamais de se rouler dans toutes les cochonneries qui croisent sa route et à l'intérieur desquelles il apprécie naturellement de se rouler.

En le voyant ainsi arriver, avec sa dégaine bizarre, son pelage plein de terre, tout foufou, excité, de la bave lui dégoulinant des babines, puant un mélange d'herbe, de boue et de merde, les gens imaginent toujours le pire et pensent que son apparence est le fruit d'une horrible maladie, d'atroces carences ou d'une expérience scientifique top secrète qui aurait mal tourné. Et, immanquablement, ils déguerpissent sans chercher à entrer en interaction avec nous. À chaque fois que je l'ai avec moi, les gens fuient, changent de trottoir, s'esquivent, sans la moindre hésitation. Tous ! Que l'on soit en plein après-midi ou en pleine nuit ! Et voilà comment on se retrouve à pouvoir enfin se balader peinard en milieu urbain !

Grâce à cette petite astuce, même parmi les spécimens les plus cons de notre espèce, en recherche constante de sales coups, ça rechigne à s'approcher de nous dans l'espoir de me mettre une mandale sans raison, de me soutirer un billet ou de tenter de me subtiliser mon blouson, mes baskets, mon slip ou que sais-je encore. Vous avez saisi l'idée ? Maintenant, à vous de jouer et de vous choisir un animal ayant le potentiel pour devenir un frein social limitant les interactions indésirables.

ALTERNATIVE – ALTERNATIVE – ALTERNATIVE – ALT

S'il vous est inconcevable de vous promener avec un animal particulièrement effrayant, dans l'optique d'éviter les confrontations directes et de tenir éloigné les importuns, et que vous êtes plus attiré par les animaux au look élégant – ou au moins passe-partout – et les techniques proactives mettant l'accent sur l'intervention et la neutralisation, alors je vous conseillerais de regarder du côté des malinois, des bergers allemands, des beaucerons et autres chiens de ce type ayant déjà fait leurs preuves au sein de certaines forces armées.

Avantage(s) : L'efficacité. En général, quand tu fais partie des animaux de compagnie préférés des anciens militaires, des groupes d'intervention policiers et des forces spéciales, c'est que tu as toutes les qualités nécessaires à la survie urbaine.

Inconvénient(s) : Les carences dont pourrait souffrir votre animal des suites d'un régime alimentaire trop richement basé sur des cons consommant alcool, drogues et psychotropes en grande quantité, l'escalade de la violence, de potentiels soucis avec la justice de votre pays et les divers problèmes de santé inhérents à toutes les techniques mettant la distribution de torgnoles au centre de la méthode pédagogique.

AVERTISSEMENT : Se diriger du côté de certaines races de chiens d'attaque, pour le choix de son animal de compagnie, n'est pas forcément une bonne idée. Surtout si c'est pour miser uniquement sur ses aptitudes au combat et négliger l'aspect préventif d'un look repoussant ou terrifiant.

Sans même rentrer dans des détails juridiques et parler du fait que la possession d'un chien de ce type peut être interdite du côté de chez vous, en milieu urbain, ces bestioles ont pour principal inconvénient d'attirer l'attention de gus utilisant ce type de chiens dans le cadre de leurs différents trafics et sans cesse désireux de mesurer la puissance et la férocité de leur bestiole face aux autres bestioles de même race, afin d'avoir la joie de décrocher le titre de furieux en possession du chien ayant tué le plus d'autres chiens dans le voisinage. Et même si votre chien se révélait avoir le potentiel de se dépatouiller de ce type de sordides rencontres, cela pourrait transformer plus d'une paisible promenade en inutile combat.

En vous engageant dans cette voie, les probabilités de vous retrouver au beau milieu d'une suite d'événements aptes à assombrir salement un avenir augmentent exponentiellement. Pesez donc bien le pour et le contre avant de faire votre choix.

ALTERNATIVE – ALTERNATIVE – ALTERNATIVE – ALT

Les déplacements – Conclusion

Si vous souhaitez survivre en milieu urbain, nulle place pour l'improvisation et la nonchalance. Anticipez, préparez, planifiez. Il y va de votre intégrité.

Itinéraire, point de départ, point d'arrivée, temps estimé, topographie, zones à risques, objectifs de la sortie, us et coutumes des lieux traversés, tenues vestimentaires conseillées et proscrites, pratiques et croyances tolérées, pratiques et croyances honnies, type de personnes régnant sur le territoire, type de personnes détestées par les personnes régnant sur le territoire, présence ou non de lieux où se réfugier, présence ou non de représentants de l'État en mesure d'intervenir, taux d'homicide, d'agression, de vol avec violence… Tous les paramètres liés à vos sorties doivent être répertoriés et étudiés.

Agir de la sorte ne vous préservera pas de toutes les désagréables péripéties possibles lors de vos déplacements en milieu hostile. Malgré tout, cela vous permettra d'éviter le gros des emmerdes, de diminuer votre taux d'étranges rencontres, ainsi que celui d'interactions dispensables avec de dangereux personnages, et augmentera d'autant votre qualité de vie.

À une époque où d'anodins déplacements peuvent se transformer en violentes altercations à dix contre un au cours desquelles une importante partie des gens y assistant passera plus de temps à commenter la puissance des frappes ou à chercher le meilleur cadrage pour leur *live* vidéo sur les réseaux sociaux, et ayant pour points de départ des motifs aussi futiles qu'un regard jugé déplacé ou un refus de donner son numéro de téléphone, il me semble plus sûr de faire preuve d'un réalisme et d'un pragmatisme à toute épreuve, et de se préparer sérieusement aux plus sombres éventualités.

Si cela peut paraître contraignant et perturbant ; une fois habitué, vous le ferez sans plus vous en rendre compte ni vous en plaindre. Et, à chaque nouveau témoignage d'amis, de proches ou de connaissances décrivant les mésaventures vécues au détour d'un déplacement non préparé, vous vous réjouirez d'avoir intégré cette routine à votre quotidien.

LES MOYENS DE TRANSPORT

Maintenant que nous avons abordé les déplacements, et avant de nous pencher sur la thématique de la connaissance du terrain, il est important de prendre le temps d'étudier la question des moyens de transport et de leur impact potentiel, positif comme négatif, sur le déroulé de notre existence en milieu urbain. Chaque moyen de transport a des particularités qui peuvent avoir des répercussions. En fonction de celui que l'on utilise, les bénéfices et les risques ne sont pas les mêmes, le nombre de personnes croisées n'est pas le même, leurs profils ne sont pas les mêmes… et tout ça a son importance et doit être sérieusement pris en compte.

Déjà, pour commencer, il me semble essentiel de rappeler que, pour survivre en milieu urbain, il faut bannir tout ce qui est tape-à-l'œil et privilégier l'efficacité et la discrétion.

Berline de luxe, cabriolet clinquant, moto sportive, scooter dernier cri, trottinette hors de prix, vélo haut de gamme élaboré par un designer à la mode… quand bien même ce serait votre passion ou votre petit plaisir, ce sont des choses à bannir. Ce genre de moyens de locomotion, ça vous assombrit une belle journée ensoleillée en un clin d'œil, à un feu rouge où vous refuseriez de céder votre joujou, sous la menace d'une arme de poing, à un camé ambitionnant un changement de proprio sans transaction financière. Si la possession de ce type de véhicule peut faire du bien à votre ego, je peux vous assurer que ça a aussi de fortes chances de faire du mal à votre qualité de vie. À vous de voir ce que, de votre ego ou de la qualité de votre passage sur Terre, vous souhaitez privilégier.

Afin de vous aider dans votre choix, nous allons faire le tour des principaux moyens de transport et tenter d'en voir les avantages et les inconvénients.

LES MOYENS DE TRANSPORT :
LA VOITURE

Même si la voiture a de plus en plus tendance à être repoussée de l'intérieur des grandes villes, et que beaucoup de gens font le choix de s'en passer ou n'ont pas les moyens d'en avoir une, ça reste encore l'un des principaux moyens de transport ayant d'importantes conséquences sur notre vie quotidienne, que l'on en soit un utilisateur ou non, d'ailleurs.

De l'épineux choix du modèle :

Si une ruine mobile génère rarement envie et jalousie, et qu'il y a peu de chances de se la faire braquer à un feu rouge par un con armé souhaitant en faire sa propre carriole, pour autant, elle risque de vous coûter une blinde en assurance, en carburant, en entretien… et, en fin de compte, de se transformer en une interminable source de problèmes et de stress, et de vous foutre dans la merde. Ajoutez à cela les problèmes de fiabilité inhérents à la conduite d'une épave et vous comprendrez pourquoi je vous conseillerais toujours de préférer vous déplacer à vélo que dans une voiture en mauvais état. Dans l'hypothèse où vous vous retrouveriez en fâcheuse posture, il y a un moyen de transport qui pourrait vous sauver la mise quand l'autre pourrait vous valoir un stress inutile. Se retrouver au volant d'un véhicule qui toussote ou qui a tendance à caler sans raison lorsque l'on est poursuivi par une bande de furieux désirant nous tabasser, n'est pas le genre d'expérience qu'il est souhaitable de vivre.

Croyez-moi, ça peut être légèrement stressant.

Mon conseil : Achetez-vous un modèle en bon état et relativement commun afin de ne pas trop attirer l'attention. Préférez les coloris sombres et unis permettant de se fondre dans la masse, et le modèle le plus récent possible pour vous prémunir des problèmes de panne et les frais exorbitants liés à l'entretien d'un véhicule en mauvais état. Mais, me direz-vous, un véhicule récent n'est-il pas contraire à tout ce que je vous ai dit jusqu'ici ? Excellente remarque ! À laquelle j'aurais envie de répondre « oui » et « non ». Non, car il est en parfait état et efficace. Oui, car il est récent et potentiellement enviable, mais nous allons y remédier de ce pas grâce à l'astuce qui suit.

Astuce : Roulez sur des routes boueuses ou poussiéreuses, et ne lavez pas trop régulièrement votre véhicule. Retirez vos enjoliveurs et laissez les jantes apparentes. Recouvrez les sièges de housses bon marché usées afin d'éventuellement masquer leur qualité. Cachez ou enlevez tout ce qui pourrait avoir une valeur à la revente et pourrait inciter certains oiseaux de malheur à s'approprier tout ou partie de votre voiture. Ainsi, vous donnerez à votre automobile l'apparence d'un véhicule moins récent qu'il ne l'est, moins à même d'éveiller la convoitise, et que personne ne souhaitera vous subtiliser. Alors qu'en réalité, vous serez en possession d'un modèle récent, doté d'un faible kilométrage, d'un moteur en parfait état et d'un intérieur propre et sophistiqué.

Les avantages d'un véhicule récent sans les inconvénients !

Le seul luxe que vous pouvez vous permettre, c'est de vous offrir la motorisation la plus puissante qu'il vous est possible d'acquérir avec votre budget. Même si ça a un coût et que ça peut augmenter vos dépenses de carburant et d'entretien, c'est toujours une bonne chose d'être en possession d'un bolide discret et fiable vous offrant la possibilité d'une fuite rapide.

Astuce : Pour vous aider dans votre choix, regardez du côté des véhicules utilisés par les brigades des forces de l'ordre spécialisées dans les interventions à risques en zones urbaines. Vous y trouverez énormément de modèles communs, discrets, puissants et relativement compacts pour circuler au mieux dans les rues étroites de certains quartiers.

Les véhicules sobres, ni trop récents ni trop vieux, et dotés de grosses motorisations sont l'idéal pour ne pas attirer inutilement l'attention sur sa personne, fuir les guets-apens, distancer des furieux dans le cadre d'une course-poursuite, sans avoir à craindre de *car-jacking* à un feu rouge ou une connerie dans le genre ayant pour ambition un changement de propriétaire sans accord bipartite.

AVERTISSEMENT : Certains modèles qui pourraient vous plaire pourraient aussi être des véhicules faciles à dérober ou particulièrement recherchés par les truands rôdant du côté de chez vous, car très appréciés dans le cadre de leurs activités de braquage à main armée ou dans celui d'un retour de soirée et de flemme de rentrer à pied. Avant de faire votre choix, regardez toujours le classement des voitures les plus volées.

Du Code de la route et de ses mésaventures :

Imaginez une situation, somme toute banale de nos jours, où un con particulièrement pressé collerait votre pare-chocs arrière à moins de quinze centimètres tout en vous klaxonnant comme un taré sous le prétexte que vous auriez le culot insupportable de commettre l'erreur impardonnable de respecter les limitations de vitesse.

Même de bonne humeur, même plein de patience, il est compréhensible, surtout après plusieurs minutes à se faire coller et klaxonner, qu'excédé, vous finissiez par effectuer malencontreusement un petit doigt d'honneur. Alors, certes, pas méchamment, dans une simple optique d'extériorisation, afin de signifier à ce stressant individu votre désapprobation face à son comportement déplorable.

Dans un monde à peu près normal, tout ça devrait au maximum se conclure par une réponse sous forme de bras d'honneur et d'insultes inaudibles gueulées à pleins poumons en même temps qu'il vous doublerait en roulant sur la voie de circulation inverse tout en évitant de justesse d'écraser des gamins sortant d'une école. Dans le monde qui est le nôtre, grandement dysfonctionnel, la situation pourrait vite prendre une vilaine tournure. Pour peu que ce danger public vive mal l'audace de votre geste envers lui, qu'il qualifiera d'odieux, d'inacceptable, d'inexcusable – vous avez tout de même effectué un doigt d'honneur à l'encontre de sa glorieuse personne quand lui n'a que mis en danger votre vie ! – et il n'est pas impossible qu'il tente de vous châtier salement pour votre intolérable respect du Code de la route et décide de vous emboutir. Typiquement le genre de situation où l'intérêt d'une grosse motorisation prend tout son sens et où il est agréable de savoir que l'on est en possession d'un véhicule permettant un passage de 50 à 180 km/h en quelques secondes.

S'il est important de respecter le Code de la route et les limitations de vitesse, dans certaines situations, un retrait de permis peut sembler préférable à une fin de vie sur un boulevard à grands coups de crics dans la gueule.

Si tout le monde semble particulièrement sur les nerfs en milieu urbain, au volant d'une auto, cet agacement latent a tendance à se transformer en folie furieuse pas loin d'être parfois totalement incontrôlable.

La voiture est aux moyens de transport ce que la boîte de nuit est aux lieux publics, quelque chose en mesure de changer la plus calme des personnes en un barjot sans limites d'humeur aux pires excès. Au volant d'une voiture, une bibliothécaire cinquantenaire toute frêle, dont le volume sonore moyen partout ailleurs dépasse rarement les vingt décibels, peut se changer en une folle aux yeux injectés de sang crachant les pires insultes au premier venu et dont le volume sonore ne descend jamais sous les cent décibels tant que ses deux mains sont posées sur le volant. Au volant d'une voiture, un jeune étudiant n'ayant pas encore fini de muer peut se transformer en un apprenti pilote de rallye traversant des centres-villes et des zones 30 à 180 km/h, et sincèrement persuadé que prendre des ronds-points au frein à main par temps de pluie est une bonne idée. Au volant d'une voiture, une jeune conductrice peut se muter en une esthéticienne convaincue que son véhicule peut aussi faire office de salon de beauté et que le gus qui a inventé le rétroviseur l'a fait dans l'unique but d'aider certaines filles à se maquiller. Au volant d'une voiture, un calme retraité à la crinière blanche et aux articulations grinçantes peut se transformer en un forcené sans limites cherchant la bagarre à chaque léger manquement au Code de la route, prêt à emboutir un véhicule et à tabasser l'intégralité de ses occupants, enfants et animaux de compagnie compris, au seul prétexte qu'on lui aurait soi-disant grillé une priorité à droite. Un truc de fou !

Ces mêmes individus, vous les croisez n'importe où, ce sont des petits chatons trop mignons. Mais si vous avez le malheur de les laisser trente secondes au volant d'une voiture, ils se muent en fous furieux secoués par des pulsions incontrôlables. À croire qu'un esprit démoniaque hante leur carriole et prend possession d'eux dès qu'ils y pénètrent.

AVERTISSEMENT : Si vous pensez être victime de ce genre de diablerie, économisez votre argent et ne perdez pas votre temps à aller voir un brillant marabout diplômé du Centre international des hautes études supérieures de la magie noire, aux compétences allant du retour de l'être aimé, à l'accroissement de la puissance sexuelle en passant par la réparation d'ordinateur par télépathie, la prise de masse musculaire, l'aide à l'obtention du permis, la lutte contre la chute des cheveux, la perte de poids, l'allongement de pénis, j'en passe et j'en oublie. Vous pourrez foutre tous les grigris possibles et imaginables sous votre siège conducteur, sacrifier autant de poulets et de chèvres les nuits de pleine lune, ça n'améliorera pas votre situation et ça ne vous débarrassera pas de ce dangereux démon de l'asphalte.

Astuce : Essayez de travailler la gestion de vos émotions et faites des exercices de respiration. Soyez cool quand vous prenez le volant, ne vous énervez pas à la moindre contrariété et évitez d'adopter des comportements uniquement en mesure de foutre en l'air une ou plusieurs existences. Si ça ne fonctionne pas, alors abstenez-vous de conduire aux heures de fort trafic et de vous retrouver dans des situations faisant ressortir les aspects les moins charmants de votre personnalité. Ou faites du covoiturage et laissez le volant à une autre personne. Ou privilégiez un autre moyen de transport.

Mon conseil : Au volant d'une voiture – ou en tant que piéton, cycliste ou autre, faisant face à des fous du volant –, restez zen et ne surréagissez jamais afin de ne pas faire une connerie que vous pourriez grandement regretter.

Même si c'est tentant, même si l'on est dans notre bon droit, même si l'on a envie d'exprimer notre mécontentement, même si l'on en a plein le cul du comportement égoïste et dangereux de certains de nos concitoyens… il est primordial de ne pas rentrer dans le piège des insultes et des menaces. Il n'en ressortirait rien de bon. Une légère satisfaction passagère laisserait vite place à des noms d'oiseaux et à des tentatives d'étranglement. Ce qui, que vous soyez celui qui étrangle ou celui qui se fait étrangler, ne pourrait se conclure que de fâcheuse façon et faire dérailler le cours paisible de votre vie.

Astuce : Face à un spécimen particulièrement énervé, ne sortez pas pour vous embrouiller inutilement. Laissez couler.

S'il approche de votre véhicule, d'humeur à en découdre, la bave aux lèvres et les yeux injectés de sang, restez sagement à l'intérieur, fenêtres légèrement entrouvertes afin de discuter un peu, le temps que le gros de la pression redescende. Ou, si jamais elle ne redescendait pas, que la police arrive et interpelle ce dangereux individu. Mais ne commettez pas l'erreur de partir dans une querelle d'experts du Code de la route au sujet du point de discorde qui vous oppose, du type « Mais putain, espèce de vieux trou de balle, t'sais c'que c'est, une priorité à droite ?! », ou « Et toi, connard fécondé par un spermatozoïde avarié, t'as eu ton permis dans une pochette-surprise ? On t'a pas appris à utiliser un clignotant ? Si chaque véhicule en a, tu crois que c'est pourquoi ? Faire joli dans le noir, putain de demeuré ? », ou encore « Mais ferme ta gueule, enculé ! Ferme-la, j'te dis ! Mais qu'est-ce tu vas faire, s'te plaît ? Hein ? Qu'est-ce tu vas faire, couille molle de tes morts ? Ben j'vais t'le dire, c'que tu vas faire ! Rien du tout ! Tu vas juste fermer ta grande gueule et bien sagement rentrer chez toi ! Ferme-la ou j'te casse la bouche ! De quoi ? Hein ? Qu'est-ce t'as dit ? Répète ! Ben, vas-y, viens ! Viens te battre, enculé ! Vas-y, viens ! Putain, retiens-moi, Simone, sinon j'vais m'le faire, ce fils de chien galeux ! Retiens-moi, j'te dis ! »

Même si, en tant qu'amoureux des mots, j'ai toujours plaisir à écouter débattre de brillants orateurs et que je suis presque certain que ces passionnants échanges pourraient apporter d'intéressants éclairages sur certains points sombres et litigieux du Code de la route, et ainsi participer à son amélioration ou à sa meilleure application, je ne suis pas sûr qu'ils puissent contribuer de façon positive à votre qualité de vie. Bien au contraire. Les statistiques n'étant pas en votre faveur, passez humblement votre chemin.

De l'entretien et de sa préservation :

Vu le prix – et les coûts liés à l'entretien – d'une voiture, il est important de prendre un soin particulier à sa préservation.

Si tout le monde n'a pas les moyens d'avoir un parking privé ou surveillé, ce n'est pas pour autant une raison de se garer n'importe où, n'importe comment, sans se soucier de savoir si ce lieu est propice ou non au stationnement de votre véhicule. C'est la meilleure façon de ne pas le retrouver là où vous l'aviez garé ou avec des éléments manquants, des fenêtres ou des rétroviseurs cassés, la carrosserie rayée et que sais-je encore. Un indice qui devrait vous mettre la puce à l'oreille, c'est l'état du sol des places de stationnement. Lorsque vous y apercevez des morceaux de vitres brisées ou des résidus de voitures fraîchement calcinées, ce n'est jamais très bon signe.

Mon conseil : Évitez les rues mal éclairées et les voies sans issue, ainsi que les abords de discothèques, de débits de boissons, d'épiceries ouvertes tard la nuit et autres lieux de ce type susceptibles de drainer un nombre non négligeable d'énergumènes plus imbibés d'alcool qu'une génoise de forêt noire préparée par un pâtissier appréciant plus l'eau-de-vie que le cacao. Vous éviterez ainsi une partie des dégradations et des vols liés à des stationnements dans des lieux sombres, à des bagarres entre poivrots ou à des noctambules si avinés et joyeux qu'un chassé dans les rétroviseurs croisant leur route semble, pour eux, le seul moyen d'extérioriser ce trop-plein.

Si vous habitez à l'intérieur ou près d'une zone sensible, ou que vous êtes amené à y résider pour le travail ou je ne sais trop quoi, en période de manifestations, de tensions, de fortes chaleurs, de fêtes populaires, de compétitions sportives importantes, de finale de Coupe du monde de football, de fête nationale, les soirs de pleine lune, les 31 décembre… pensez à ne pas y laisser garée votre voiture.

Astuce : Stationnez votre véhicule un peu plus loin, ou à l'autre bout de la ville si c'est là que se situent les quartiers tranquilles, sécurisés et épargnés par les flambées de violence.

Si ça peut être chiant à mettre en place, que ça fait perdre énormément de temps, d'énergie et d'argent, ça évite aussi les désagréables surprises du type découverte au petit matin, en route pour le boulot, des crottes encore plein les yeux, de la transformation de son joli véhicule en triste tas de cendres.

Si jamais vous vous retrouviez dans un lieu où la situation dérape et que des émeutes éclatent alors que vous n'avez pas eu le temps de déplacer votre véhicule et de le mettre à l'abri, ne vous y aventurez pas et attendez que ça se tasse avant de songer à le bouger. Croisez les doigts, soyez patient et espérez que votre véhicule soit épargné, mais ne prenez jamais le risque de sortir en plein milieu d'échauffourées. De la tôle froissée ou calcinée, c'est chiant… mais ça se remplace. Un squelette esquinté, même si la médecine a réalisé d'énormes progrès, ce n'est pas la même histoire. C'est plus que chiant !

AVERTISSEMENT : Lors de la traversée d'un territoire réputé hostile au volant d'une voiture, abstenez-vous de laisser vos fenêtres grandes ouvertes avec un sac traînant sur le siège passager. Entrouvrez-les et masquez les objets de valeur de la vue des passants. Ainsi, vous éviterez de voir une partie de vos possessions disparaître inutilement. Essayez aussi d'être le moins possible à l'arrêt. À l'approche d'un feu ou d'un stop, préférez ralentir en amont tout en restant en mouvement à faible vitesse plutôt que de vous arrêter totalement. En terrain inamical, être statique, c'est être vulnérable ! C'est risquer d'avoir la désagréable obligation de prendre des passagers surprises qui pourraient refuser de vous quitter, voire, si jamais vous émettiez trop de doutes quant à leur présence non souhaitée dans votre véhicule, vous en exclure à tout jamais.

IMPORTANT - IMPORTANT - IMPORTANT - IMPORT

Bannissez catégoriquement tout ce qui concerne le tuning ! L'excès d'attention que cette activité procure en milieu urbain peut vite devenir synonyme d'un paquet de problèmes et, bien souvent, d'altercations et de tentatives de subtilisation.

La transformation d'une vieille caisse en superbe bolide, après de longues heures de travail et des milliers d'euros d'investissement, vous vaudra tous les inconvénients d'une voiture de course luxueuse sans les avantages. Ça peut donner le goût à tous les oiseaux de malheur qui vous encerclent, à la recherche d'un gain rapide et ne croyant pas plus que ça au droit de propriété – du moins, tant que ça ne concerne pas directement leur personne et leurs biens –, de venir défoncer votre garage ou de braquer votre caisse à un stop. C'est s'exposer à l'étrange déplaisir de découvrir votre véhicule posé sur des parpaings, après qu'un salopard, refusant de délier sa bourse pour se les offrir, a pris soin de subtiliser vos jantes dernier cri. Attention, je ne suis pas là pour juger ceux qui auraient cette passion ou brider ceux qui souhaiteraient s'adonner à cette pratique. Si je le dis, c'est pour votre bien. Pour avoir déjà eu l'opportunité de retrouver au petit matin ma caisse posée sur des parpaings, je peux vous assurer que ça surprend et que ce n'est pas vraiment le genre d'événement qui aide à démarrer une journée du bon pied... même s'il y a pire et que ça ne reste que du matériel.

IMPORTANT – IMPORTANT – IMPORTANT – IMPORT

LES MOYENS DE TRANSPORT : LES DEUX-ROUES MOTORISÉS

Concernant les deux-roues motorisés, évitez les bécanes de course, les scooters à la mode, les superbes motos vintage montées sur mesure par de prestigieux préparateurs et tout ce qui est à même d'attirer fortement l'attention de zigotos malintentionnés qui pourraient un jour se décider à subtiliser votre grosse cylindrée en l'embarquant dans leur camionnette.

Avantage(s) : Maniabilité et rapidité. En territoire hostile et en période de grosses tensions, ce sont des atouts qui peuvent jouer en votre faveur.

Inconvénient(s) : La dangerosité. Intempéries, accrochages avec un furieux au volant d'une grosse voiture, importance des dégâts physiques en cas d'accident, *bike-jacking* par un camé armé qui, vous apercevant nonchalamment arrêté à un feu rouge, pourrait voir en vous un bon moyen de financer sa prochaine dose... ce moyen de locomotion vous laisse exposé à de nombreux dangers. Il est excellent quand vous êtes constamment en mouvement, mais dès que vous ralentissez ou, pire, que vous vous arrêtez, vous devenez une cible de choix qui peut se faire désarçonner par le premier con venu.

Soyez-en conscient et restez vigilant.

LES MOYENS DE TRANSPORT :
LES TRANSPORTS EN COMMUN

Le problème, avec les transports en commun, c'est que la menace ne se présente pas seulement sous la forme de coups de surin, mais peut aussi prendre une forme bactériologique.

Quand on voit la gueule de certaines de ces carrioles, on est décemment en droit de s'inquiéter du nombre de microbes qu'il est possible d'y croiser. Si vous ne me croyez pas, un jour, pour vous amuser, faites un relevé des poignées. Vous y trouverez certainement autant de matières fécales et autres substances bizarres que dans la plus insalubre des pissotières. Un truc à faire froid dans le dos, même au pire des crasseux allergiques à l'eau et se foutant en rogne dès que quelqu'un ose avoir l'outrecuidance de lui causer de son hygiène douteuse.

Mon conseil : Ne vous aventurez jamais dans les transports en commun sans gants, gel hydroalcoolique et serviettes désinfectantes, et ne touchez rien à mains nues !

Le sujet de cet ouvrage n'étant pas la propreté dans l'espace public – sujet qui pourrait, à lui seul, faire l'objet d'un livre –, fermons cette parenthèse et venons-en à ce qui nous intéresse : la folie en milieu urbain.

IMPORTANT – IMPORTANT – IMPORTANT – IMPORT

Avant même d'aller plus loin et de vous embêter à réfléchir sur le sujet des transports en commun, il y a certaines choses dont vous devez être conscient les concernant.

Si vous êtes une personne très tatillonne sur la politesse et les bonnes manières, fuyez les transports en commun ! Si vous êtes une personne qui, lorsqu'elle a payé un ticket de transport valable pour une place, n'arrive pas à accepter le fait de devoir s'asseoir par terre entre des résidus de serviettes hygiéniques, des mouchoirs souillés, des mégots de clope, de vieux chewing-gums, des glaviots glaireux, des prospectus froissés et un préservatif usagé goût pomme-kiwi-spermatozoïde pour laisser une couillonne friquée mal élevée en occuper plusieurs avec son chihuahua et son sac à main, fuyez les transports en commun ! Si vous êtes une personne mal à l'aise à la vue d'individus consommant des stupéfiants dans des lieux où la dégustation de tels produits est formellement interdite, fuyez les transports en commun ! Si vous êtes une personne peu encline à passer l'entièreté d'un trajet les yeux baissés vers le sol à fixer vos grolles pour éviter les regards provocateurs de loubards bien décidés à s'embrouiller avec le premier couillon volontaire, fuyez les transports en commun ! Si vous êtes une personne qui ne supporte pas de se faire frotter le cul par un inconnu dégueulasse au zizi crapuleux, fuyez les transports en commun ! Si vous êtes une personne incapable de supporter la découverte d'une playlist musicale d'un ignare bien décidé à partager avec la Terre entière ses goûts musicaux douteux, fuyez les transports en commun ! Si vous êtes une personne incapable de ne faire mine de rien lorsqu'un inconnu aviné et puant le rat crevé se met à se pisser dessus et, la faute à la surprenante et incontrôlable puissance du jet, à vous uriner dessus sans accord verbal préalable, fuyez les transports en commun ! Si vous êtes une personne incapable d'accepter qu'on lui fouille subtilement les poches pour en soutirer portefeuille, téléphone et autres objets de valeur, fuyez les transports en commun ! Si vous êtes une personne qui refuse de secouer le poireau des gens puant le rat crevé qui viennent de lui pisser dessus sans accord préalable pour les aider à faire tomber la dernière goutte, fuyez les transports en commun !

De jour comme de nuit, ce ne sont pas des lieux adaptés à votre personnalité ! En aucun cas, vous ne devez les utiliser. Aucun. Peu importe l'heure, peu importe la raison, ils ne sont pas adaptés à votre sensibilité et je ne vois aucun scénario où vous pourriez en ressortir autrement qu'avec des mains pleines de sang et la mort de quelqu'un sur la conscience.

Mon conseil : Préférez la marche, le vélo, le skate, l'hoverboard ou la trottinette. S'ils sont plus lents, et peut-être plus fatigants, ils vous éviteront d'avoir à vivre la désagréable expérience d'être enfermé dans un espace exigu plusieurs minutes d'affilée en compagnie d'une foule de malappris, et d'avoir à faire face à vos pulsions de violence, à vos désirs de châtiments brutaux et à vos terrifiantes envies d'inculquer – avec votre méthode pédagogique empirique mettant l'accent sur les mandales et les coups de boule – l'apprentissage perdu du respect, de la politesse et des bonnes manières.

IMPORTANT – IMPORTANT – IMPORTANT – IMPORT

Astuce : Si vous faites partie des personnes pour qui l'usage des transports en commun demande un véritable effort et que vous êtes contraint de les utiliser de façon régulière, il est de la plus haute importance de vous astreindre à la pratique d'activités du type méditation ou relaxation.

Il n'y a qu'en développant une force psychique en mesure de vous permettre de faire abstraction de toutes les absurdités qui vous entourent dans ces lieux – voire d'effectuer des voyages astraux le temps de vos trajets – que vous parviendrez à ne pas vous retrouver inutilement embringué dans des embrouilles vides de sens, uniquement à même de faire dérailler le cours d'une existence. Si vous voulez mon avis, les excursions psychiques sont préférables aux pétages de plombs.

Possible situation :

Vous vous retrouvez face à une personne avachie, prenant à elle seule quatre fauteuils, visiblement fortement alcoolisée, et écoutant de la musique à tue-tête au point de rendre le voyage désagréable pour l'ensemble des usagers présents dans la rame et souhaitant naviguer dans le calme et la sérénité.

Possible réaction :

Vous n'êtes pas familier des techniques de relaxation et de respiration aptes à canaliser un excès d'énergies négatives, ni de celles permettant de s'extirper mentalement d'un lieu où tout n'est que bruit et impolitesse. Excédé par trop de je-m'en-foutisme et d'incivilités, vous refusez de détourner les yeux et décidez de réclamer, de façon ferme et courtoise, la place qui vous revient et qu'un idiot malpoli monopolise.

Possible réclamation :

« Excusez-moi, très cher, mais il semblerait que vous ayez perdu tout sens de la mesure et que vous vous étaliez au point de monopoliser plus de places que ne l'autorise votre titre de transport. Loin de moi l'idée de vous importuner, de vous faire la morale ou de vous contraindre à lire dans le détail les conditions d'utilisation liées à l'achat d'un ticket unitaire, valable pour une heure et pour une personne dans l'ensemble du réseau des transports de notre ville, mais si tout le monde faisait comme vous, il faudrait dix carrioles comme celle-ci pour transbahuter vingt gentilshommes et gentes dames.

« Déjà, pour commencer, vous pourriez avoir la courtoisie de vous redresser un peu et faire en sorte de ne pas occuper plus de sièges que vous en avez besoin. Ensuite, pour le bien-être de tous et la préservation d'une ambiance cordiale et paisible au sein de ce lieu de transit, vous pourriez sainement envisager de baisser le son de votre transistor. Le voyage n'en serait que plus plaisant pour tout le monde.

« Imaginez un instant, très cher, que tout le monde fasse comme vous, ce serait tout bonnement l'anarchie. Et après, quoi ? Tout le monde tout nu, tant qu'on y est ? Des coïts à même les wagonnets, tant qu'à faire ? Enfin, très cher, cela vous paraît-il une saine façon de cohabiter ? Cela vous ferait-il plaisir que je vous mette Radio Savoir-Vivre à tue-tête dans les oreilles ? Je ne le pense pas. Alors, ayez l'amabilité d'en faire autant. Nous vous en serions tous reconnaissants. »

Conséquence(s) – Dans le meilleur des cas :
Le mec galère pour se redresser et écouter votre speech sur la courtoisie, la bienséance et le vivre-ensemble. Remué par trop de sollicitations en très peu de temps, il va sans doute se mettre à dégueuler les cinq litres de binouze bon marché ingurgités depuis son réveil sur votre humble personne.

Si vous êtes dubitatif à la lecture de cette vision idyllique, non, ce n'est pas une erreur ou un oubli de ma part. Il s'agit bien du meilleur des scénarios possibles dans ce type de situation ! Une réponse du type « Ah, désolé, cher ami, mais où avais-je la tête lorsque je me suis étalé plus que de raison. Je suis terriblement confus, je ne sais pas ce qui m'a pris de me comporter ainsi. J'espère sincèrement ne pas vous avoir trop importuné avec mon attitude pitoyable et égoïste, et souhaite que vous saurez trouver au fond de votre cœur la force de me pardonner cette posture négligée et déplorable ! Merci à vous de m'avoir fait remarquer mon inconvenance ! Je vous serai éternellement reconnaissant pour votre réprimande, car elle m'a ouvert les yeux sur mes manquements, et elle résonnera pour toujours dans mon âme comme une saine exhortation à travailler sans relâche à devenir une meilleure personne » n'est pas une réponse réaliste à laquelle il est judicieux d'aspirer. Très sincèrement, ça n'arrivera pas.

*Conséquence(s) – **Dans le pire des cas :***
Je ne vais pas vous mentir, j'avais écrit tout un truc sur le pire des cas, décrivant dans le détail les différentes péripéties en mesure de se dérouler quelque part entre *Excusez-moi très cher* et *Loin de moi l'idée de vous importuner*, soit dans les dix premières secondes de votre possible intervention, mais je ne vois pas l'intérêt de vous dire autre chose que c'est typiquement le genre de situation instable qui peut très vite dégénérer. Et soyez bien certain que, quelle qu'en soit l'issue, il y a peu de chances que ça se finisse par la remise de la médaille de citoyen d'honneur de votre ville ou une cérémonie pour vous féliciter de votre implication dans la propagation des bonnes manières et de la courtoisie dans les transports publics. Il risque de se passer un tas de trucs, mais pas ceux-là.

Mon conseil : Pratiquez la relaxation, apprenez à faire abstraction de ce qui vous entoure et à sortir temporairement de votre corps, ou fuyez les transports en commun.

IMPORTANT – IMPORTANT – IMPORTANT – IMPORT
Si vous n'avez pas les moyens de vous abstenir d'utiliser les transports en commun, prenez soin de bien choisir les lignes sur lesquelles vous circulez et les horaires auxquels vous y transitez. En journée, la majorité des usagers est composée d'honnêtes gens mus par d'honnêtes desseins. Passé une certaine heure, il n'en va plus de même. Une fois le soleil couché, la proportion d'amateurs d'échauffourées et de

mélomanes férus de cris de terreur qui peuple ces carrioles de l'enfer est nettement supérieure aux périodes diurnes.

En cas de présence, dans votre rame, d'individus à la dynamique interne particulièrement négative, changez-en à la première occasion. Ne restez jamais bloqué sur un parcours prédéfini ! Soyez souple, revoyez vos positions aussi souvent que nécessaire, faites évoluer votre itinéraire au moindre doute. Les détours, les changements de rythme et de véhicules sont la base de la survie en milieu urbain. Vous devez toujours avoir en tête différentes options pour vous rendre là où vous souhaitez aller. Il est préférable de perdre du temps que de s'accrocher à un itinéraire et de rester en présence d'individus dont la compagnie ne vous apportera rien de positif.

IMPORTANT – IMPORTANT – IMPORTANT – IMPORT

LES MOYENS DE TRANSPORT :
LA MARCHE

Privilégiez les chaussures confortables et aptes à encaisser une accélération brusque et de multiples changements d'allure en cas de fuite. Les baskets, notamment les modèles façonnés pour la course et le franchissement d'obstacles, sont l'idéal.

Modèles à bannir – ***Les pompes de détendus du bulbe :***
Fuyez toutes les conneries du type : claquettes, sabots, tongs… qui peuvent éventuellement s'envisager pour un retraité domicilié sur la Côte d'Azur coulant des jours paisibles et heureux dans un environnement idyllique et protégé, un animateur de club de vacances préparant un spectacle en moule-burnes en bord de piscine, ou un baba cool super ouvert d'esprit préférant se laisser égorger au

coupe-ongles rouillé par un forcené plutôt que d'avoir à esquinter un rejeton perdu et niqué de la tête de Dame Nature, mais qui ne répondront à aucun des besoins d'une personne luttant pour sa survie en milieu urbain.

Ce sont des grolles qui ne remplissent aucun des critères permettant la préservation d'une intégrité physique face à une horde de furieux assoiffés de sang et de sacrifices humains. Vous me trouvez trop sévère ? Avez-vous déjà vu un groupe de militaires partir en expédition en tongs ? Rien qu'une seule fois ? Bon, ben, si ce n'est jamais arrivé, dites-vous que c'est certainement pour une bonne raison.

Modèles à bannir – Les baskets onéreuses :

Si je peux comprendre votre goût pour les belles baskets, je ne peux, dans une optique de survie, que vous mettre en garde à leur sujet, pour ne pas aller jusqu'à vous les déconseiller. C'est typiquement le genre de souliers qui attireront l'attention sur vous plus que de raison et risquent d'être générateurs d'interactions inutiles ayant un fort potentiel pour créer des discussions où la ponctuation a de grandes chances de disparaître au profit de brutales torgnoles.

Immanquablement, vous n'aurez pas le temps d'avoir commencé à les user pour qu'au détour d'une ruelle sombre, vous soyez contraint de les céder à un camé armé d'un couteau, faisant plus ou moins la même pointure que vous, et souhaitant ardemment troquer ses vieilles grolles dégueulasses trouées, aux semelles élimées et à l'intérieur puant le fromage périmé, contre votre modèle onéreux, édition limitée d'une star du sport, vendu seulement à quelques exemplaires à travers le monde. Précisément le genre de gars sévèrement carencé qui, à défaut d'être premier prix d'éloquence, sait bâtir un argumentaire ultra-persuasif sans formuler la moindre phrase complète, uniquement à partir de grognements et de brusques mouvements de couteau de boucher.

Astuce : Privilégiez les modèles robustes, confortables et de valeur modeste. Et prenez soin de les salir et de les vieillir un peu avant de vous aventurer à les porter ailleurs que dans l'espace sécurisé de votre maison. Ainsi, vous préviendrez tout risque de vous faire amputer d'une jambe, au détour d'une promenade en ville, par un apprenti chirurgien autodidacte, chaud d'action et avide de dissection impromptue, ayant pour unique formation trois mois en première année de CAP Boucherie avant d'en être renvoyé pour tentative d'homicide sur la personne de son professeur principal.

AVERTISSEMENT : Faites toujours en sorte d'appliquer ces principes d'efficience et de furtivité à l'ensemble de votre tenue. Ça ne sert à rien de mettre des baskets anodines, solides et pensées pour la survie, si l'on porte des trucs voyants et onéreux sur tout le reste de la carcasse. Ayez une approche globale de la question et favorisez l'efficacité et la discrétion.

Modèles à bannir – Les talons :
Si je ne peux pas vous conseiller leur port, car ils vous ralentiront et causeront votre perte en cas de prise en chasse par des prédateurs hors de contrôle, les talons font partie de ce qu'il y a de moins mauvais parmi les modèles de chaussures à bannir en milieu urbain. En cas de dangereux franchissement de votre zone de sécurité par un individu mû par des intentions loin d'être bienveillantes à votre égard, ils ont l'avantage de pouvoir être utilisés pour lui foutre de grands coups dans le visage et tenter de lui crever les yeux avec.

Mon conseil : Si vous n'avez pas d'autre possibilité que d'en porter, pensez à toujours prendre une petite paire de baskets dans votre sac à main histoire de pouvoir changer de chaussures en cas d'ambiance bizarre nécessitant une meilleure mobilité... ou choisissez des talons très pointus. Renseignez-vous auprès d'un cordonnier et demandez-lui de transformer vos talons de sorte que, tout en restant agréables à porter, ils puissent devenir une « arme » en cas d'urgence. Mais, bien entendu, à n'utiliser que dans le cadre de la loi, le respect de la dignité humaine, tout ça, tout ça...

Astuce : Canne, parapluie, bâton de marche, béquille... sont des accessoires que vous devez tenter d'associer le plus souvent possible à vos chaussures. En cas de rencontres bizarres, ce sont des ustensiles qui peuvent aider un maboul à retrouver momentanément un semblant de raison.

LES MOYENS DE TRANSPORT : LES PLANCHES À ROULETTES

Si la trottinette, le skate, l'hoverboard... peuvent s'avérer des moyens de transport difficiles à appréhender pour les personnes pas spécialement dotées d'un grand sens de l'équilibre, ce sont pourtant de bonnes idées pour se déplacer en milieu urbain. Ils ont pour immense avantage de pouvoir rapidement se transformer en gourdins en cas de situation nécessitant de calmer les ardeurs d'un malandrin belliqueux.

En général, deux ou trois coups en pleine gueule sont en mesure de rafraîchir les idées du plus bouillant des spécimens. Ce qui, de nos jours, peut avoir son intérêt dans pas mal de situations. Et, avantage non négligeable, en cas de contrôle par les forces de l'ordre, ça vous attire moins d'emmerdes que si vous vous baladez constamment une batte de baseball ou un sabre de samouraï à la main. Accessoires qui, en plus d'avoir l'inconvénient de ne pas pouvoir être utilisés comme moyens de locomotion, sont malheureusement un chouïa plus connotés. Avec une planche à roulettes, vous allez pouvoir vous en sortir avec un « Bonne fin de journée » quand les autres vous vaudront un « Pose ton arme au sol et mets les mains en l'air, enfoiré ! LES MAINS EN L'AIR, J'AI DIT ! » Clairement le genre de quiproquo qui, sur un geste un peu trop brusque ou une phrase bafouillée au sens ambigu, peut vous valoir un ou deux trous inutiles dans votre belle carcasse.

Mon avis : Dans le doute, et tant que l'on vit encore dans des espaces plus ou moins dotés de lois, préférez le skate ou la trottinette à la batte ou au sabre. Si leur maniabilité est moindre – et, bien entendu, je ne parle pas de déplacements –, concernant l'acceptabilité sociale, la différence est flagrante. Passez une journée à vous promener avec les uns ou les autres et, à moins d'être professionnel de baseball ou samouraï, vous verrez que l'on ne vous regardera pas de la même façon et que certains vous vaudront sommations et interpellations.

Astuce : Si vous n'avez absolument aucun sens de l'équilibre, mais que certains des avantages des planches à roulettes précédemment abordés vous intéressent, sachez que vous n'êtes pas spécialement obligé d'en faire. Ça se transporte facilement, ça se porte très bien à la main ou sous le bras, ça s'attache à un sac à dos, et ça peut toujours servir, que ce soit pour caler un *kickflip* au détour d'une promenade ou bien « autre chose », en fonction de vos capacités, de vos besoins et du type de personnes que vous êtes amené à croiser.

LES MOYENS DE TRANSPORT :
LA BICYCLETTE

Fuyez tous les modèles onéreux fabriqués sur mesure, aux courbes complexes, avec selle en cuir faite à la main, jantes hors de prix, suspensions haut de gamme, système de freinage sophistiqué, décoration personnalisée et que sais-je encore.

Si je peux parfaitement comprendre votre goût pour ces modèles, ils ont la fâcheuse tendance à disparaître facilement en milieu urbain. Ce genre de vélo risque de vous faire vivre la désagréable expérience de vous pointer sur le lieu où vous l'aviez attaché pour ne plus le voir et passer deux heures à vous demander s'il n'est pas là où vous pensez qu'il devait être parce que vous êtes rentré bourré la veille et que vous n'êtes plus trop sûr de ce que vous avez fait et d'où vous avez bien pu le garer, ou bien parce qu'on vous l'a volé et qu'il a déjà été vendu sur un site de petites annonces en ligne, et l'argent réinvesti dans une dose de drogue bon marché.

Mon conseil : Privilégiez la discrétion et l'efficacité. Optez pour des modèles légers, maniables, solides, peu onéreux, avec un design sobre, de couleur unie et relativement sombre, afin de vous fondre dans la masse et de passer inaperçu.

Lors de vos déplacements à bicyclette, pensez à toujours avoir un antivol du type chaîne ou U en métal à portée de mains. Fuyez toutes les conneries à bas prix en matière molle.

Pardon ? Ah non. Non, non... pas tellement en rapport au vol... même si ça a aussi son importance dans cette optique. Non... je pensais plus à une situation où un fripon tenterait de vous le voler à l'arraché ou à celle où vous vous feriez enquiquiner par un gros con au volant d'une grosse voiture qui déciderait, de façon unilatérale, que vous et votre vélo prenez trop de place sur la voie publique et qu'il est urgent de vous écraser. Disons que ce sont des ustensiles qui peuvent se révéler une aide non négligeable. Bien entendu, uniquement à condition qu'ils soient utilisés dans l'amour, le partage et le respect de l'autre, et dans un but pédagogique et préventif.

AVERTISSEMENT : Si vous avez le moindre doute en ce qui concerne votre faculté à faire efficacement passer le message d'amour et de prévention dont il était précédemment question, je ne peux que vous conseiller de toujours laisser partir votre vélo ou de vous ranger sur le bas-côté. Aucun morceau de ferraille, aussi beau et cher soit-il, aucune place sur la voie publique, aussi méritée et légitime soit-elle, ne valent un passage par la prison ou un service de réanimation.

Astuce : Lorsque vous vous garez en extérieur, prévoyez toujours deux ou trois antivols et calez-vous près de modèles plus modernes et onéreux que le vôtre n'ayant qu'un antivol.

En cas de passage d'un essaim de voleurs à la recherche d'un deux-roues à subtiliser, avec de telles précautions, il y a de fortes chances que vous retrouviez votre vélo à l'endroit où vous l'aviez laissé, ce qui ne sera sans doute pas le cas de ceux à côté desquels vous étiez stationné.

Alors oui, c'est un peu moche comme astuce, mais je ne suis pas là pour vous aider à changer l'humanité, mais à survivre en milieu hostile ainsi qu'à préserver, au moins en partie, vos possessions. Je ne suis pas resté en vie jusqu'à présent en basant mes décisions uniquement sur le panache et l'amour du beau geste. Sans quoi je n'aurais pas fait de vieux os et je ne serais plus là pour vous prodiguer mes conseils et astuces. Croyez-moi sur parole, survie et élégance sont des notions qui marchent rarement main dans la main.

Mon avis : L'être humain étant ce qu'il est, si vol il doit y avoir, vol il y aura. Soyez-en certain ! La seule chose sur laquelle vous avez prise, c'est de faire votre maximum pour compliquer la tâche d'éventuels spoliateurs.

Astuce pour gérer la culpabilité : Si la culpabilité venait à vous ronger, laissez un exemplaire de ce livre proche de l'emplacement du vélo tape-à-l'œil volé. Pardon ? Si le vélo a été volé, n'y a-t-il pas des risques que le livre le soit aussi ?

Excellente remarque ! Si je peux comprendre votre pertinente inquiétude, ne craignez rien. En dehors des dernières semaines d'école où il est à l'ordre du jour de rendre les manuels scolaires utilisés au cours de l'année sous peine de payer une amende, presque personne ne vole de livres. Du moins, ceux ne contenant que du texte. De nos jours, les livres sans images sont l'une des rares choses que l'on peut laisser sans surveillance et avoir une chance de retrouver. Il se peut même qu'on vous les ramène si vous avez pensé à inscrire votre nom et votre prénom à l'intérieur !

D'ailleurs, petite astuce supplémentaire : si, un jour, vous souhaitiez camoufler quelque chose de valeur dans votre appartement, le cacher quelque part dans une bibliothèque, dans un livre ou à l'intérieur d'un faux livre coffre-fort avec cachette dédiée, d'apparence anodine et de préférence avec un titre compliqué afin de dissuader même les spécimens les plus littéraires de l'ouvrir, est une excellente façon d'augmenter vos chances de le retrouver à la place où vous l'aurez dissimulé.

Enfin bref, tout ça pour dire que grâce à cette petite astuce, vous allez pouvoir éviter la disparition de votre vélo, offrir à cette personne l'opportunité d'augmenter ses chances de survie en milieu urbain, valoriser la lecture – cette belle activité en perte de vitesse – et, pour ne rien gâcher, permettre le versement de royalties sur mon compte. Autant de raisons qui font, je trouve, de cette astuce une très bonne astuce.

Alors oui, d'un côté, il y aura eu un peu d'égoïsme… et d'un autre, un peu d'altruisme. Au jour du Grand Bilan, lorsque votre tour de passer devant le Taulier Suprême arrivera et qu'il sera temps de faire les comptes, ça jouera forcément en votre faveur. Certes, il pourra pointer du doigt quelques manquements, mais il sera aussi bien obligé de reconnaître quelques bonnes actions. Et, dans l'hypothèse où l'on se dirigerait plus vers une réincarnation, rapport à une houleuse discussion au sujet de votre nouvelle affectation, si c'est le genre d'attitude qui ne vous permettra sans doute pas de monter dans la hiérarchie, elle préviendra aussi tout risque d'avoir à subir un déclassement.

Les moyens de transport – Conclusion

Comme nous venons de le voir, le choix de votre moyen de transport en milieu urbain n'est pas anodin et pourra avoir des conséquences directes et multiples sur votre intégrité. En fonction de votre caractère, de vos aptitudes, de vos besoins… vous serez amené, ou contraint, à en sélectionner un plus qu'un autre. Quel que soit celui que vous favoriserez, arrangez-vous pour limiter ses effets négatifs indésirables. Ainsi, vous mettrez toutes les chances de votre côté pour vous assurer un maximum de déplacements pacifiés et sécurisés.

La connaissance du terrain

Il y a des lieux fortement propices aux anicroches et aux péripéties en mesure de compliquer une existence de façon inutile et superflue. Savoir les identifier et s'en tenir le plus possible éloigné est une bonne manière d'éviter de vous retrouver à devoir faire face à des situations fortement préjudiciables. Quartiers dangereux, ruelles désertes, boîtes de nuit, bars louches, parkings, distributeurs automatiques de billets, cinémas multiplexes, immenses centres commerciaux, files d'attente, supermarchés... sont quelques-uns des lieux offrant des condensés de la folie moderne et fréquemment sujets à des explosions délirantes et incontrôlées de violence.

Dans ce chapitre, nous allons tenter de décrypter quelques-unes de leurs dangereuses spécificités et d'expliquer pourquoi, autant que possible, il est préférable de les éviter.

Choisissez bien
votre voisinage

Que ce soit pour le choix de votre domicile principal, celui de votre résidence secondaire, de votre lieu de villégiature, d'un investissement immobilier censé vous rapporter un peu d'argent tous les mois, de votre hôtel durant des déplacements professionnels… prenez toujours le plus grand soin à tout ce qui touche la sélection de votre voisinage.

Ça peut paraître anodin, mais c'est clairement le genre de décision qui peut vous gâcher vingt belles années de vie sur un mauvais choix, une légère négligence ou, pire, une excessive radinerie. Si, dans une optique de survie, dépenser sans compter n'est pas une attitude saine, une pingrerie maladive peut, elle aussi, vous être fatale. Alors, certes, si vous ne roulez pas sur l'or, quelques dizaines d'euros en plus ou en moins peuvent avoir un énorme impact sur la situation de vos finances en fin de mois. Ce n'est, pour autant, pas une raison pour fonder votre choix uniquement sur le prix.

À vouloir économiser des bouts de chandelles, on finit par se retrouver dans des lieux où il n'y a pas besoin de résider très longtemps pour comprendre que quelque chose n'y tourne pas rond. Sélectionner l'hôtel le moins cher pour alléger la note de quelques billets lors d'un week-end en amoureux ou d'un déplacement professionnel – quand bien même vous seriez juste financièrement – et finir par loger dans la partie la moins fréquentable de la ville n'est pas un choix judicieux.

Mon conseil : Serrez-vous la ceinture sur tous les autres budgets s'il le faut, mais ne négligez jamais celui dédié à votre lieu de résidence. Une fois vos valises posées, il sera difficile de changer de quartier et vous devrez en subir les conséquences.

Préférez faire maigre pitance de façon temporaire, mais donnez-vous les moyens d'opter pour le secteur le plus sécurisé que vous pouvez vous offrir avec votre budget. Prenez sur vous le temps d'épargner, puis déménagez dans un lieu plus propice à l'épanouissement psychique et à la préservation de l'intégrité physique de votre personne et de vos proches.

Entre les économies sur votre consommation d'alcool, de psychotropes et d'opiacés afin de gérer le stress lié à la vie en territoire hostile, sur les coûts générés par les détériorations de véhicules, d'ascenseurs, de poubelles, de boîtes aux lettres… sur le temps perdu suite aux multiples détours pour réussir à rentrer chez vous sans encombre, sur le temps passé à attendre que les guetteurs postés à l'entrée de votre quartier ou en bas de votre immeuble vous autorisent à passer, sur le prix de scolarisations dans des établissements privés pour contourner la carte scolaire… vous rentrerez très vite dans vos frais.

LES LIEUX À RISQUES

Une fois votre lieu de vie choisi et sécurisé, vous allez devoir étudier la topographie de tous les endroits dans lesquels vous êtes amené à transiter régulièrement et à en évaluer la dangerosité. L'environnement urbain comporte de nombreux lieux qui, sous des apparences anodines, se révèlent être des traquenards, et où vous ne devez pas vous aventurer sans, au préalable, une étude minutieuse.

Afin de vous aider, je vais vous présenter quelques-uns de ces différents lieux à risques et les pièges auxquels vous devriez être attentif pour éviter le gros des emmerdes.

Les lieux à risques :
Les ruelles désertes

Si, dans le langage populaire, elles sont fréquemment dénommées sous l'appellation joviale de Coupe-gorges, et que personne n'a eu l'idée de les nommer Passages harmonieux ou Ruelles du bonheur, c'est certainement pour une bonne raison.

Dangerosité : Élevée.
Chances de survie : Faibles.

Les ruelles désertes sont à bannir pour toutes les personnes aspirant à mourir de mort naturelle. Aventurez-vous-y si vous le souhaitez, mais ne vous étonnez pas de vous y faire chatouiller la carotide à la serpe. Sincèrement, quand bien même le passage par une ruelle déserte serait un raccourci en mesure de vous faire gagner cinq à dix minutes sur votre parcours habituel, ces quelques minutes économisées seront-elles à même de contrebalancer les multiples emmerdes qui vous y guettent, les semaines d'hospitalisation ou les années d'incarcération qui vous y attendent ? Je ne le pense pas.

Mon conseil : Évitez les ruelles et préférez toujours opter pour un itinéraire passant par des routes larges, peuplées et bien éclairées. Si ça peut avoir pour inconvénient de rallonger votre parcours – parfois de beaucoup –, ça aura l'avantage de le sécuriser et vous évitera les fâcheux imprévus que réservent les passages par des venelles sombres et désertes. Vous arriverez peut-être en retard, mais, au moins, vous arriverez.

Un reproche, un blâme ou une retenue sur salaire sont généralement préférables au passage par une ruelle.

LES LIEUX À RISQUES :
LES BOÎTES DE NUIT

Si, dans le langage populaire, elles sont fréquemment dénommées sous l'appellation croustillante de Lieux de débauche et de perdition, et que personne n'a eu l'idée de les nommer Sanctuaires de l'harmonie musicale et du partage alcoolisé, c'est certainement pour une bonne raison.

Dangerosité : Moyenne.
Chances de survie : Raisonnables.

Même si les discothèques ne sont pas des lieux dont je vous déconseillerais formellement la fréquentation, je me dois de vous mettre en garde à leur sujet. Entre la musique à tue-tête, les lumières stroboscopiques, les effluves de transpiration, l'alcool qui coule à flots, la perte de toute inhibition, les personnes en parade nuptiale à la recherche d'un partenaire de coït, les multiples sécrétions déversées par les uns et par les autres pour tenter d'obtenir des faveurs sexuelles, les groupes de gars énervés venus aussi bien pour danser que pour se bastonner, les videurs belliqueux qui, passé deux heures du matin, cherchent des prétextes pour distribuer des claques histoire de rester éveillés, les mecs bourrés à l'odeur corporelle quelque part entre le déodorant bon marché, la transpiration, l'alcool et la pisse, cherchant quelqu'un sur qui dégueuler, j'en passe et j'en oublie, il ne fait aucun doute que les discothèques sont des lieux comportant de nombreux risques.

Mais, bien souvent, le plus gros péril lié à la fréquentation des boîtes de nuit est nous-mêmes et le changement de comportement que ce lieu peut générer sur notre personne.

Les discothèques sont des endroits qui peuvent changer une secrétaire timide passant ses journées avec un col roulé en une stripteaseuse sans tabous faisant des acrobaties improbables en string sur une barre de fer ou en mesure de convertir un expert-comptable introverti dont le passe-temps le plus fou est la pratique des échecs en un fouteur de merde persuadé d'être un descendant des Vikings, se baladant sur la piste torse nu à la recherche d'un gus avec qui s'embrouiller.

Aventurez-vous-y si vous le souhaitez, parce qu'on vous y a invité, parce que vous avez eu une sale semaine et que vous désirez vous démonter la tête à grands verres de vodka orange ou parce que vous ressentez le besoin de décompresser en faisant onduler votre joli popotin sur des rythmes frénétiques. Mais ne vous étonnez pas de finir à quatre pattes dans une ruelle à nager dans votre vomi, ou cul nu et zguègue à l'air, bouche pâteuse et crâne douloureux, dans une piaule sordide remplie de gens bizarres, avec, à vos côtés, une personne toute nue à l'allure générale encore plus bizarre que les autres étranges personnages qui vous entourent et vous dévisagent.

Se réveiller à côté d'un inconnu à la dégaine angoissante, aux dents manquantes et à l'haleine de fauve, ému à la pensée des serments faits la veille alors que l'on avait quatre grammes dans le sang, et d'humeur à causer cérémonie de mariage, rencontre avec la belle-famille, choix du DJ, prénom de la progéniture censément créée au cours de cette folle nuit d'amour et de débauche... peut être légèrement perturbant.

Mon avis : Quelques heures d'amusement aviné sur des rythmes entraînants ne valent pas une détérioration de votre situation qui risquerait de s'étaler sur une bonne vingtaine d'années. Cela me paraît disproportionné.

Important : Faire la fête, c'est une chose... perdre le contrôle, c'en est une autre. Allez-y mollo sur la boisson, évitez les substances bizarres, ne laissez jamais traîner votre verre sans surveillance afin d'empêcher qu'un con y foute une saloperie pendant que vous avez le dos tourné, ne partez pas en compagnie du premier venu sans prévenir quelqu'un et gardez à l'esprit que si l'objectif principal est de décompresser et de faire la fête, lorsque le ton commence à monter et l'ambiance à dégénérer, c'est qu'il est temps de s'éclipser.
En agissant ainsi, vous éviterez le gros des emmerdes.

AVERTISSEMENT : Si vous savez que vous avez quelques soucis concernant votre gestion des effets secondaires liés à une consommation excessive d'alcool et qu'elle est susceptible de vous transformer en descendant des Vikings cherchant à atteindre prématurément le Valhalla, arrangez-vous pour rentrer chez vous avant qu'il ne soit trop tard ou bien trouvez une occasion pour expliquer votre problématique à vos amis et demandez-leur d'intervenir et de vous calmer dès qu'ils sentent que votre double maléfique fait son apparition.
En agissant ainsi, vous éviterez bien des emmerdes.

Mon conseil : Si vous êtes vraiment de tempérament fêtard et que vous ne pouvez pas vous empêcher de vous dandiner régulièrement dans des lieux publics sur des rythmes entraînants, évitez autant que possible les boîtes de nuit et préférez les thés dansants et les clubs de danse de salon.

En général, une plage horaire d'ouverture se finissant au plus tard à 21 h en semaine et à 22 h 30 les week-ends et les jours fériés ne peut laisser craindre qu'un excès de verveine et une forte envie de pisser. Alors, certes, de prime abord et dit comme ça, ce n'est sans doute pas aussi *funky* qu'une soirée passée à enquiller les verres de tequila frappée, à repousser les limites de votre alcoolémie ou à vider des magnums de champagne sur les nichons de totales inconnues ou sur les abdominaux de jeunes éphèbes, mais c'est moins risqué ! Et rien ni personne ne vous interdit de tenter – une fois la tisane refroidie, bien entendu, le but n'étant pas d'ébouillanter les autres convives – de verser quelques gouttes de verveine sur la brassière d'une mamie ou d'organiser un concours de slips mouillés si jamais il y avait dans l'assistance des papis coquins d'humeur à y prendre part. Ça ne coûte rien de proposer.

Quoi qu'il en soit, croyez-en mon expérience, sur les deux possibilités de lieux de déhanchement qui s'offrent à vous, il y en a une qui vous assure plus souvent un retour à domicile, sain et sauf, alors que l'autre, nul ne peut prédire où elle vous fera atterrir. Seule chose de sûre, c'est que ça ne sera pas dans votre pieu, mais plus probablement sur les draps sales d'un vieux canapé convertible d'une conquête d'un soir qu'un taux d'alcool bas rendra beaucoup moins attrayante, slip sur la tête, bouche pâteuse et des résidus de vomi plein le menton.

Alors ouais, vous aurez aussi moins de chances de choper un mannequin russe aux jambes sans fin ou un beau gosse au torse de statue antique ; néanmoins, ne dit-on pas que c'est dans les vieux pots que l'on fait les meilleures confitures ? Vous seriez surpris des bons moments que vous pourriez passer et des belles rencontres que vous pourriez faire dans les thés dansants, et ce, sans avoir à compromettre votre avenir pour les vivre ! Gardez toujours présent à l'esprit qu'ennui et abus de verveine génèrent statistiquement moins de morts prématurées que débauche et excès d'alcool.

Les lieux à risques :
Les bars louches

Si, dans le langage populaire, ils sont fréquemment dénommés sous l'appellation facétieuse de Repaires de malfrats et de panses à bières, et que personne n'a eu l'idée de les nommer Gargotes de la communion fraternelle avinée, c'est certainement pour une bonne raison.

Dangerosité : Variable.

Chances de survie : Variables. Elles vont de raisonnables à nulles, en fonction de l'heure à laquelle vous vous y trouvez et de l'alcoolémie des personnes qui vous entourent.

Quand bien même vous seriez un grand consommateur d'alcool et un amateur inconditionnel des lieux proposant une étrange promiscuité sur fond de puissants effluves de gnole, de déodorants bon marché et de transpiration, je ne peux que vous déconseiller la fréquentation de ces lieux si vous avez la moindre ambition d'atteindre l'âge de la retraite. Quand bien même ils tenteraient de vous appâter avec de folles *happy hours* du style « une bière achetée, cinq bières offertes ! », fuyez-les ! La consommation de binouzes à prix cassés ne viendra jamais contrebalancer les multiples dégâts provoqués par un con particulièrement susceptible estimant que le regard que vous avez posé sur lui n'était ni convenable ni acceptable, et nécessite en guise de réparations un châtiment ultraviolent.

Surtout quand lesdites réparations peuvent prendre la forme de quelque chose comme un pichet en pleine tronche ou une désintégration de tabouret en traître, alors que l'on s'était pointé dans ce lieu de perdition juste pour se détendre et descendre quelques verres après le boulot.

Vous aimez boire des bières ? Buvez chez vous !

Quel intérêt de vous rendre dans un endroit où vous allez croiser des gens partageant la même passion que vous, mais n'ayant peut-être pas la même gestion des effets secondaires ?

Pendant que vous, vous aurez l'alcool sympathique et aurez envie de faire des bisous et des câlins à tout le monde, vous n'êtes pas à l'abri de tomber sur un con ayant l'alcool moins sympa, et plus d'humeur à vouloir caler des balayettes à tout le monde et à fracasser les têtes des récalcitrants refusant de chuter gentiment sans faire d'histoires.

Vous aimez regarder des matchs de foot en public ? Matez-les chez vous en invitant des amis si vous le souhaitez !

Quel intérêt de vous rendre dans un lieu où vous allez croiser des gens partageant la même passion que vous, mais n'ayant peut-être pas la même gestion des effets secondaires ?

Pendant que vous, vous aurez la victoire joyeuse et aurez envie de faire des bisous et des câlins à tout le monde, vous n'êtes pas à l'abri de tomber sur un con ayant la victoire moins sympa, et plus d'humeur à casser des tabourets sur la tête des gens qu'il croise et à brûler des voitures sur le chemin du retour dans une tentative difficilement compréhensible d'exprimer sa joie face au résultat d'une activité se résumant à regarder vingt-deux individus courir derrière un ballon.

Mon avis : Si vous n'êtes pas atteint du syndrome de Pica et que vous ne vous nourrissez pas spécialement de tabourets en bois, ni une personne masochiste adepte de sévères corrections données par des inconnus rencontrés dans des lieux douteux, alors vous n'avez strictement aucune raison de faire un arrêt dans ce genre d'établissement.

Astuce : Si vous ne pouvez vraiment pas vous empêcher de fréquenter des débits de boissons, tenez-vous le plus possible éloigné des tavernes louches des quartiers à l'ambiance bizarre et préférez les bars à l'ambiance prout-prout du centre-ville.

Agir ainsi vous permettra d'assouvir votre passion pour la fréquentation de ces lieux, sans avoir à craindre pour votre vie. Là-bas, dans les établissements huppés du centre-ville, les pires conflits se réglant à coups de « Tu vas voir de quel bois je me chauffe, foutriquet ! » ou de « Attends un peu que je mette mon avocat sur le coup, gargouilleux ! », ou encore de « Gare à toi, paltoquet ! Si tu continues à me turlupiner ainsi, je vais finir par sortir de mes gonds ! », il faut vraiment commettre l'irréparable pour avoir à se battre pour sa vie.

LES LIEUX À RISQUES :
LES PARKINGS

Si, dans le langage populaire, ils sont fréquemment dénommés sous l'explicite appellation de Traquenards en puissance et que personne n'a eu l'idée de les nommer Espaces de détente et de stationnement, c'est certainement pour une bonne raison.

Dangerosité : Moyenne.
Chances de survie : Pas terribles.

Si certains parkings sont bien éclairés et surveillés, de très nombreux sont de véritables cimetières qui ne disent pas leur nom, ayant fait plus de victimes que certaines tranchées lors de la Grande Guerre. Les prédateurs urbains aiment se terrer dans ces endroits chauds et humides qu'ils considèrent, bien souvent, comme un lieu idéal pour commettre leurs forfaits.

Mon conseil : Évitez-les autant que possible. Mais si vous n'avez d'autre possibilité que d'en faire usage, choisissez-en un bien éclairé et doté de nombreuses caméras de surveillance en état de fonctionnement. Ainsi, vous limiterez fortement les risques de vous retrouver dans des situations désagréables.

Astuce : N'y entrez pas sans une petite laque à cheveux à la main, soigneusement cachée dans une poche de votre veste, et aspergez-en le moindre con qui tenterait de pénétrer votre espace de sécurité. En cas de fausse alerte, vous pourrez faire semblant de vous recoiffer mine de rien. En cas de véritable alerte, un bon coup de spray pourrait vous permettre de vous enfuir. Et, en cas de mauvaise appréciation de la situation, vous pourrez prétexter une envie de vous recoiffer qui aurait dérapé, ce qui est un peu plus compliqué avec une bombe lacrymogène. Quoi qu'il en soit, par les temps qui courent, il est préférable d'avoir à s'excuser que d'être pris au piège.

LES LIEUX À RISQUES :
LES DISTRIBUTEURS DE BILLETS

Si, dans le langage populaire, ils sont fréquemment dénommés sous l'exquise appellation de Bornes de tous les dangers, et que personne n'a eu l'idée de les nommer Buffets de billets à volonté, c'est certainement pour une bonne raison.

Dangerosité : Forte.
Chances de survie : Aléatoires.

Un lieu délivrant de l'argent est, par essence, un lieu en mesure d'intéresser les personnes souhaitant en subtiliser.

Afin d'éviter toute situation du type la bourse ou la vie, je ne peux que vous conseiller de ne jamais retirer de l'argent de nuit, ce qui est beaucoup plus sage et vous préservera d'avoir à interagir avec de drôles de zigues tapis dans l'obscurité afin de négocier un transfert de votre richesse en leur faveur.

Évitez les distributeurs situés en extérieur, ceux situés dans des quartiers à l'ambiance bizarre, ceux implantés dans des rues mal éclairées ou ceux dont les abords sont fréquentés par des individus prêts à jouer du couteau dans l'espoir de faire main basse sur quelques biftons. Privilégiez toujours les distributeurs se trouvant en intérieur, avec du personnel, de la lumière, des caméras de surveillance et des agents de sécurité. Toute cette installation jouera en votre faveur.

En cas de problème, laissez partir votre carte et/ou votre argent, et portez plainte dès que le scélérat se sera éloigné.

LES LIEUX À RISQUES : LES CINÉMAS MULTIPLEXES

Si, dans le langage populaire, ils sont fréquemment dénommés sous l'adorable appellation de Salles obscures des mauvaises manières, et que personne n'a eu l'idée de les nommer Temples du silence, des téléphones éteints et de la courtoisie, c'est certainement pour une bonne raison.

Dangerosité : Considérable.
Chances de survie : Passables.

Ça me fend le cœur de le dire, vu comme j'affectionne ces lieux, mais, de nos jours, il faut bien reconnaître qu'il est plus sain d'aller dans certains cinémas par amour de la baston et des embrouilles que pour celui du septième art.

S'il reste bien quelques petites salles d'art et d'essai misant sur une clientèle de cinéphiles uniquement capables de se chamailler au sujet de la virtuosité d'un plan séquence et où, dans l'ensemble, il y a peu de chances que la projection dégénère en combats à mains nues. Dans beaucoup de salles grand public, c'est compliqué de ne pas se retrouver dans une situation où la distribution de gifles devient vite inévitable.

Entre ceux qui répondent au téléphone comme s'ils étaient dans leur voiture tout en ayant bien pris soin d'installer leur kit mains libres pour pouvoir faire des doigts à ceux qui auraient le culot de s'en plaindre, ceux qui commentent le film comme s'ils étaient dans leur salon, ceux qui discutent à tue-tête du dernier cul pourfendu ou de la dernière bite chevauchée comme s'ils étaient à une terrasse de bar, ceux qui prennent l'intégralité des accoudoirs, ceux qui sont atteints de démangeaisons anales et ne cessent de gigoter, ceux qui donnent des coups de genou dans les sièges, ceux qui mangent en faisant du bruit, ceux qui s'amusent à jeter du pop-corn sur le reste de la salle dans l'espoir qu'un couillon ait l'audace de s'en émouvoir, ceux qui se font branler, peloter ou doigter sur le fauteuil d'à-côté comme si c'était un baisodrome, et qui vous forcent, sur le chemin du retour, à devoir répondre à l'interrogation de votre gosse de six ans souhaitant subitement savoir « c'est quoi la fellation ? », vous contraignant à bégayer un truc comme « … la fellation ?! Bonne question… Très bonne question… Disons que, euh… la fellation… comment dire… c'est, euh… un art oral ancestral aux origines mystérieuses dont la pratique est réservée aux grandes personnes. De quoi ? Ah, non ! Ça, non ! Allez c'est bon, arrête avec tes questions ! », c'est très compliqué de regarder le film projeté dans de bonnes conditions, de garder son sang-froid et de ne pas en venir aux mains ! Très, très compliqué !

Astuce : Privilégiez les salles de cinéma d'art et d'essai. L'avantage, avec le cinéma expérimental ou indépendant, les rétrospectives de films néoréalistes italiens d'après-guerre, impressionnistes français ou expressionnistes allemands des années 1920, c'est que l'on peut assez facilement se retrouver dans des salles d'une centaine de places avec moins de dix personnes présentes. Et ce genre de densité permet, assez souvent, une projection agréable et de qualité, préservée de bon nombre des désagréments précédemment mentionnés.

Mon conseil : Si vous refusez de vous laisser tenter par les charmes des vieilles bobines et que vous ne pouvez pas vous empêcher de prendre un ticket pour visionner les dernières superproductions dans d'immenses salles, évitez les soirs, les week-ends, les jours fériés, les vacances scolaires, les premiers jours après la sortie, et toutes les périodes de forte affluence... ou travaillez à la maîtrise de vos plus violentes pulsions.

LES LIEUX À RISQUES :
LES SUPERMARCHÉS ET LES FILES D'ATTENTE

Si, dans le langage populaire, elles sont fréquemment dénommées sous l'appellation malicieuse de Files de tous les dangers et révélateurs de folie et de méchanceté gratuite, et que personne n'a eu l'idée de les nommer Queues du bonheur et de la jouissance, c'est certainement pour une bonne raison.

Dangerosité : Forte.
Chances de survie : Très faibles.

Les supermarchés et les files d'attente sont des lieux propices aux craquages et aux pétages de plombs.

Gosses qui braillent, qui font des caprices et se roulent par terre, personnes malpolies et impatientes, codes-barres récalcitrants, couples qui s'embrouillent dans les allées pour savoir s'ils doivent racheter des céréales pour le petit-déjeuner, coups de chariot dans les jambes de la part de mamies aux cheveux violets blancs roses verts jaunes oranges – difficile de se prononcer sur la couleur –, personnes sans activité prenant un malin plaisir à venir aux heures de pointe ralentir les actifs pressés, agents de caisse désagréables, démonstrateurs bizarres vous forçant à goûter des trucs encore plus bizarres, clients qui font perdre vingt plombes à tout le monde dans le vain espoir de faire passer un coupon-réduction de quinze centimes périmé depuis trois semaines, sans-gênes qui vous piquent votre place dans la file… le pourcentage de chances de se retrouver au beau milieu d'un esclandre qui tourne mal et de se manger d'imméritées taloches est proche de 100 %.

« Non, mais dis donc, sont-ce des façons de faire ? Sont-ce des manières ? Mais où avez-vous la tête pour ainsi bousculer les gens et leur voler leur place ? Quel toupet ! M'enfin… s'il y a des files d'attente, c'est pour une raison ! C'est le seul moyen que l'être humain a trouvé pour s'extraire de l'anarchie et de la barbarie ! Et vous, vous décidez comme ça, en toute détente, de saboter plus de cinq mille ans de civilisation ! Ah, ben bravo ! C'est du joli ! Des milliers d'années à la benne en deux secondes ! Ben putain, ça valait bien la peine ! Elle est belle, votre société ! Et puis quoi, encore ? Souhaiteriez-vous que je paie vos courses ? Tant qu'on y est ! J'pourrais aussi vous les emballer, les porter jusque chez vous, les ranger dans vos placards, vous préparer un plat pour ce soir, vous masser les pieds et pourquoi pas, histoire de finir en beauté, vous caresser l'entrejambe ? Ça vous dirait ? Quitte à m'enfler ? »

Mon avis : Si cette tirade est compréhensible, je suis au regret de vous annoncer qu'elle est absolument inutile du point de vue éducatif et exagérément périlleuse de celui de la survie. Abstenez-vous de prononcer de telles paroles.

Mon conseil : Faites vos courses en dehors des heures de pointe et évitez toute attente prolongée dans une file d'attente.

Si vous le pouvez, fuyez carrément les supermarchés et effectuez vos emplettes sur Internet, à votre épicerie de quartier ou au marché. Ça vous coûtera peut-être plus cher, mais ça vous évitera bien des complications incompatibles avec la préservation d'une intégrité physique intacte et d'une santé mentale de qualité. Et, une fois tout mis bout à bout, croyez-moi sur parole, ça revient beaucoup moins cher.

LES LIEUX À RISQUES :
LES CENTRES COMMERCIAUX

Si, dans le langage populaire, ils sont fréquemment dénommés sous la douce appellation de Temples du capitalisme et de la consommation obscène, et que personne n'a eu l'idée de les nommer Groupe de commerces travaillant à l'augmentation du bien-être, c'est certainement pour une bonne raison.

Dangerosité : Moyenne.
Chances de survie : Réelles hors période de soldes. Quasi nulles en période de soldes.

Les centres commerciaux sont des lieux à embrouilles par excellence, en mesure de transformer le plus paisible des citoyens en bête sanguinaire prête à commettre les pires horreurs sans sourciller. Encore plus en période de soldes.

Les probabilités de se faire salement rudoyer au détour d'un rayon, lors de ventes à prix cassés, augmentent de façon exponentielle. Si vous voulez mon avis, mourir pour un bout de tissu à moins 50 %, quand bien même il aurait été dessiné par un grand couturier, n'en vaut pas la peine.

« Ci-gît *******, père aimé et mari aimant, mort au combat des suites de sévères blessures lors d'une altercation au sujet de chaussettes *Made in China* à moins 70 % ! » ou « Ci-gît *******, mère aimée et femme aimante, morte au combat des suites de sévères blessures lors d'une altercation au sujet d'un lot de strings acheté, un tanga offert ! », ne sont pas des épitaphes souhaitables. On a fait plus brillant et glorieux, comme légende. Clairement, avec de tels faits d'armes, il n'y aura pas de quoi faire de l'ombre à la *Chanson de Roland*.

AVERTISSEMENT : Un article bradé à moins 50 %, dont il ne resterait plus que quelques exemplaires en stock, peut très vite foutre un centre commercial de 200 000 mètres carrés à feu et à sang. Plus rapidement qu'une étincelle ravagerait des hectares de pinède en période de canicule. Prenez-y garde.

Drôle de spectacle que donnent chaque année ces adeptes, apportant présents et sacrifices aux dieux de la sape et aux déesses vestimentaires, offrant argent de poche, économies, heures supplémentaires et primes de fin d'année patiemment accumulés dans l'attente de ces intenses instants d'adoration, de communion et de prière en l'honneur de la déesse Solde et de l'archange Toutadizeuros. Des milliers de litres de sang de victimes expiatoires ont été versés en leur honneur depuis la création de ces temples de la consommation auxquels leurs disciples doivent soumission totale et obéissance aveugle.

Mon conseil : Ne devenez pas bêtement un sacrifice humain. De nos jours, nul n'est plus contraint d'en faire office. Alors, fuyez ces lieux de perdition et de mort.

Si vous n'avez pas beaucoup d'argent et que les soldes représentent l'une de vos rares opportunités de renouveler votre garde-robe, préférez en attendre la fin pour vous y risquer. Vous éviterez ainsi la période la plus périlleuse de cette hystérie collective consumériste et bénéficierez des plus fortes ristournes. Alors, certes, en passant après tout le monde, le choix sera limité et il ne restera, bien souvent, que les habits que personne n'aura souhaité acquérir, du type fringues aux couleurs improbables ou aux tailles extrêmes. Mais avec un peu de patience, il est toujours possible de dénicher des perles.

Astuce : Soyez malin, apprenez à faire vos vêtements.

En développant quelques compétences en couture, il est tout à fait envisageable de se confectionner une jolie tunique avec deux bouts de tissu pour personnes de petite taille, ou deux beaux ensembles avec une fringue destinée aux personnes de grande taille. Le tout en ayant fui la période la plus risquée, acheté les produits les moins chers, économisé de l'argent et préservé votre intégrité physique. Tout bénef !

La connaissance du terrain – Conclusion

Quartiers malfamés, ruelles désertes, discothèques, bars louches, parkings, distributeurs automatiques de billets, cinémas multiplexes, files d'attente, supermarchés, centres commerciaux... autant de lieux que l'on peut désigner comme des traquenards et dont vous devriez vous tenir le plus possible éloigné si vous souhaitez éviter les situations bizarres qui ne pourraient avoir pour conclusion que quelques lignes dans la rubrique faits-divers de votre journal local.

Faites en sorte de privilégier les soirées dans des lieux privés et sécurisés, les rues larges et correctement éclairées, les bars à l'ambiance prout-prout, les parkings surveillés, les thés dansants, les épiceries, les marchés, les cinémas d'art et d'essai, les villes dont l'office du tourisme peut se vanter d'un taux d'homicide proche de zéro et les quartiers favorisant le dialogue entre riverains aux conversations rythmées par les menaces, les insultes, les tentatives d'étranglement, les bruits d'os qui craquent et les détonations d'armes à feu.

En agissant de la sorte, vous ne serez nullement assuré de ne pas être victime d'un revers de fortune, mais vous minimiserez les risques de vous retrouver dans des lieux propices à la violence et aux carnages, et où les statistiques ne laissent pas présager une qualité de vie digne de ce nom.

L'ART DE LA CONVERSATION

Si, comme nous l'avons vu en détail au cours des pages précédentes, en milieu urbain, il n'est pas rare de se retrouver au beau milieu de déchaînements de violence pour des motifs parfaitement futiles, on oublie souvent d'évoquer à quel point il est facile de finir avec une gueule de traviole digne d'un Picasso à la suite d'une volubilité incontrôlée.

Discussion à une terrasse de bar, soirée chez des amis, conversation politique lors d'un repas familial trop arrosé, débat sur un sujet de société à la pause-café, bavardage avec les gens de notre voisinage, propos un peu trop détendus sur le Web… ce ne sont pas les occasions qui manquent de se retrouver à dire des choses que l'on regrette et en mesure de nous entraîner dans un tourbillon d'emmerdes et de violence, et ce, d'autant plus à une époque où tout le monde est à fleur de peau et s'arc-boute sur ses croyances et ses convictions.

Dans une optique de survie, vous allez devoir apprendre à choisir soigneusement vos sujets de conversation, à maîtriser vos propos, à en dire toujours moins que nécessaire, à ne jamais énoncer le fond de votre pensée et à ne pas vous aventurer dans des débats stériles et inutiles qui ne pourraient que complexifier dangereusement votre quotidien.

Vous entêter à parler librement, à exprimer des avis ou des convictions contraires à ceux de la majorité dominante qui vous encercle, c'est prendre un ticket prioritaire pour un voyage au centre des pires emmerdes. Pas souhaitable.

L'art de la conversation en milieu urbain est une discipline complexe qui n'a pas grand-chose à voir avec l'utilisation qui peut en être faite dans les salons mondains. En aucun cas vous ne devez en user pour briller ou attirer l'attention. Surtout pas ! Le faire serait une erreur fatale !

Toute la subtilité de l'art de la conversation en milieu urbain réside dans le fait de parler sans rien dire, d'être présent tout en étant le plus discret possible. En aucun cas il n'est question d'exhiber la beauté et le mordant de sa verve !

Nombreux – très nombreux ! – sont ceux qui sont tombés au champ de bataille du babillage, victimes d'une anodine discussion de voisinage s'étant brusquement transformée en combat pour la vie, suite à un simple jeu de mots sorti sans réfléchir, une phrase à la tonalité un brin trop agressive, un adjectif qualificatif jugé péjoratif, dénigrant ou offensant.

NE FAITES JAMAIS DES MOTS D'ESPRIT

Prenez garde à ne pas vous faire remarquer avec des bons mots. Les gens apprécient rarement les petits malins avec trop d'esprit ou une repartie aiguisée et cinglante. Encore moins en milieu hostile. Quand bien même il vous en viendrait trois à la minute, si vous n'êtes pas le sniper officiel d'une émission de divertissement, très grassement payé pour être odieusement impertinent, fuyez les bons mots et les reparties corrosives.

En échange d'une courte excitation et d'une satisfaction passagère, les bons mots ne vous apporteront que tensions, inimitiés, fractures ouvertes et fringues pleines de sang.

Mon conseil : Ne cherchez pas à faire le fanfaron de la jactance et à briller en exhibant, à la moindre occasion, le tranchant de votre verve impitoyable et cruelle. Cette attitude est parfaitement inconsciente en territoire hostile. Préférez refréner vos ardeurs et passer pour quelqu'un d'ennuyeux, mais de sympathique, plutôt que pour un personnage certes brillant, mais particulièrement clairvoyant et agaçant. À part furieuses jalousies, rancunes tenaces, terrifiantes poussées de violence et irrépressibles envies de salement vous molester, vous ne ferez naître rien de bien positif chez vos congénères.

Ne laissez pas un frivole besoin d'attention vous mettre dans une situation ayant, à terme, pour unique fond sonore des pleurs, des cris, des insultes et des bruits d'os qui craquent.

Fuyez les joutes verbales

Ne jouez jamais au plus con, au plus fin, au plus malin, à l'escrimeur des mots, si vous n'êtes pas de taille à en assumer physiquement les conséquences. En milieu urbain, il n'est pas rare que de petites joutes verbales d'apparence anodine se transforment très vite en féroces concours de balayette.

Au jeu du plus malin, il n'est jamais très malin de s'entêter à être à tout prix le plus malin, surtout quand on fait face à un gros malin pesant plusieurs dizaines de kilos de plus que soi, connu pour sa susceptibilité, sa détestation des petits malins plus malins que lui et sa facilité à claquer des gueules.

Tenir tête à un gars en lien avec des braqueurs et des trafiquants de drogue quand, de votre côté, votre plus dangereuse relation est le président du club de salsa de votre quartier, n'est pas une brillante idée. Vous avez tout intérêt à le laisser vaincre verbalement ou, au moins, lui en donner l'illusion. Ainsi, à défaut de vous en faire apprécier, vous éviterez de vous en faire détester au point de faire naître en lui des envies de vous rudoyer. La satisfaction de l'avoir dominé à l'oral s'estompera bien vite si jamais il décidait de vous faire goûter à ses brutaux enchaînements de boxe anglaise.

Mon conseil : Ne répondez pas aux piques acerbes par des piques acerbes, aux insultes par des insultes, aux menaces par des menaces. Ne faites pas l'erreur de vous laisser griser par votre phrasé. Une ou deux vannes de temps à autre, pourquoi pas. Pas plus. Ne vous obstinez pas à avoir toujours le dernier mot. Céder à ce genre d'entêtement puéril est le meilleur moyen de transformer un avenir prometteur en long chemin de croix ayant pour décors cellules de garde à vue, salles d'audience, chambres d'hôpital et cabinets de kinésithérapie.

Si vous avez voulu vous encanailler en participant à une joute verbale, n'oubliez jamais de garder les pieds sur terre. Ne laissez pas la passion l'emporter sur la raison. Sachez vous retirer de la table de jeu avant que le temps ne vire à l'orage. Filez en douce avec votre magot, et ne cherchez pas à en avoir encore et toujours plus, pour finir par tout perdre bêtement.

PRENEZ GARDE AU TON DE VOTRE VOIX

En territoire hostile, vous devez être conscient que le ton de votre voix ainsi que votre débit de paroles sont des choses très importantes que vous ne devez pas prendre à la légère. Beaucoup les négligent, et énormément en subissent les rudes conséquences. Une tonalité trop grave et considérée comme menaçante, une intonation trop aiguë et considérée comme agressive, un rythme trop rapide ou trop lent et considéré comme louche et anormal… peuvent vous valoir un brutal enchaînement du type coup de genou dans les parties génitales / coup de coude / guillotine, là où un déchaînement de violence à votre encontre n'était pas nécessaire.

Mon conseil : Lors de chacune de vos interactions en milieu urbain, évitez toujours de flirter avec les extrêmes. Que ce soit en matière de graves ou d'aiguës, de rapidité ou de lenteur, les extrêmes sont à proscrire.

Astuce : Suivez quelques cours de théâtre, d'expression en public ou de chant. Entraînez-vous à parler sous la pression et à garder un rythme, une tonalité et une attitude les plus calmes et posés possibles. Ainsi, même dans les situations très intenses et génératrices de fort stress, vous serez en mesure de maîtriser votre débit et votre intonation et de ne pas envoyer de signaux troubles à vos interlocuteurs.

Faites toujours en sorte d'avoir une expression orale calme, posée, bienveillante et inoffensive. Surtout lorsque vous entrez en interaction avec une personne dont vous n'êtes pas certain de l'état de santé mentale. Et vu que rares sont les individus se baladant avec un bilan de santé psychiatrique épinglé à la boutonnière, autant convenir que l'attitude la plus saine à adopter en permanence est une voix la plus posée possible et un débit ni trop lent ni trop rapide. Un malentendu est vite arrivé et nul n'est à l'abri d'une mauvaise interprétation d'une hésitation ou d'un emballement passager où enthousiasme, joie, passion ou incertitude pourraient être pris pour menace, moquerie, défi ou duplicité. Exciter inutilement des bestiaux instables aux connexions neurologiques très sensibles à toute forme d'agitation n'est pas une chose souhaitable.

ÉVITEZ LES GESTES BRUSQUES

Dans la continuité du conseil précédent, vous devez être conscient que la pratique répétée et incontrôlée de gestes pouvant être considérés comme brusques ou menaçants est à bannir. Parler avec les mains n'est valable que dans les pays dont cela fait officiellement partie de la culture.

Si, dans votre pays, cette tradition n'existe pas, évitez de parler avec les mains. Cette habitude peut vous valoir moult emmerdes et soucis de santé. Même si ces signaux sont faits dans un but pacifique, amical et jovial, il y a de fortes chances que dans des situations de stress, où régneraient agacement et confusion, votre vis-à-vis les interprète mal et y voie plutôt des gestes agressifs et provocateurs en passe de déclencher en lui une furieuse envie de vous molester.

Avantage(s) : Si c'est un bon moyen de faire part d'une forme d'enthousiasme et de passion, ce n'est pas d'une grande utilité dans le cadre de la survie.

Inconvénient(s) : En milieu urbain, le non verbal a presque autant d'importance que le verbal. Un geste mal interprété, un regard jugé négativement, une attitude perçue comme hostile... sont autant de petites choses qui peuvent suffire pour sonner un départ de baston. Quand bien même vous ne seriez pas dans une optique belliciste, certains spécimens particulièrement friands de castagne les utiliseront comme prétexte, arguant de votre attitude soi-disant bravache et prétentieuse, afin de laisser libre cours à leurs pulsions les plus sombres et leur goût immodéré pour la baston.

L'ART DE LA CONVERSATION
EN MILIEU URBAIN

Si l'art de la conversation en milieu urbain est un art complexe et rempli de pièges, ne commettez pas l'erreur naïve de croire que vous allez pouvoir vous en sortir à bon compte en vous contentant de fermer votre gueule. Le silence ne vous sauvera pas. Bien au contraire. Penser de la sorte est une erreur de jugement que beaucoup de débutants commettent. Par pitié, ne la faites pas. Vous devez réaliser qu'elle est en mesure de vous attirer un max d'emmerdes.

Si parler en milieu urbain est dangereux et nécessite de nombreuses connaissances, ne pas parler l'est encore plus.

Rester constamment silencieux, vous tenir à l'écart, ne jamais répondre quand on vous parle, bredouiller des propos incohérents, hésiter, bafouiller... sont des attitudes à bannir. Elles vous donneront des airs de personne distante, méprisante, louche, fourbe, duplice, peu digne de confiance, cherchant à cacher des choses. Ce que vous ne souhaitez pas.

En agissant de la sorte, vous allez vous retrouver à crisper sérieusement des personnes que, croyez-moi sur parole, vous n'avez ni envie de crisper ni envie de rendre plus paranoïaques qu'elles ne le sont déjà. Plus elles seront calmes et détendues, mieux vous vous porterez.

Et, par pitié, ne me sortez pas des conneries du type « Putain, mais j'ai rien dit ! » ou « Pourtant, j'fais chier personne ! » Cela ne fonctionne pas ainsi en milieu urbain. La question n'est pas de savoir ce que vous faites ou pas, mais comment cela est perçu par les autres et les conséquences que ça va avoir sur votre qualité de vie. Les faits et la vérité pèsent bien peu face à leur perception et à leur interprétation ! Et si je vous dis qu'une telle attitude va faire chier un max de gens, c'est qu'elle va faire chier un max de gens ! Le silence n'est pas une option viable dans le cadre de la survie en milieu urbain. En revanche, vous ne pourrez pas dire n'importe quoi, n'importe quand, n'importe comment, à n'importe qui.

Si jamais vous commettiez l'erreur d'aborder certains sujets tabous, les conséquences pourraient être terribles.

L'ART DE LA CONVERSATION EN MILIEU URBAIN : LES SUJETS DE CONVERSATION À PRIVILÉGIER

Afin de mettre toutes les chances de votre côté de périr de mort naturelle, confortablement installé dans votre lit, entouré des êtres qui vous sont chers et que vous aimez, après avoir bien usé la carcasse temporairement allouée, axez l'essentiel de votre discussion autour des classiques banalités et autres courtoisies fades et creuses au sujet de la météo ou de la famille. Ces thématiques sont d'excellents sujets pour parler avec tout le monde sans prendre de risques inconsidérés.

Ce qu'il faut savoir concernant la météo :

C'est un sujet ennuyeux et anodin qui a fait ses preuves en matière de sociabilisation. En dehors de périodes de grands troubles écologiques ou d'événements spectaculaires du type : éclipses, ouragans, inondations... la météo est certainement le meilleur sujet de conversation pour survivre en milieu urbain. C'est un classique indémodable qui a permis des échanges incalculables à des tas de gens qui n'avaient absolument rien à se dire pour un taux de mortalité global très faible.

Il est assez rare de croiser quelqu'un qui s'est fait tabasser par un groupe de furieux après leur avoir dit que la météo annonçait de la pluie pour le lendemain. Ça a pu arriver. En cherchant bien, il n'est pas impossible que vous en trouviez un ou deux. Oui, d'accord. Pour autant, ce n'est pas monnaie courante. Ce sujet de conversation vous permettra donc d'avoir toujours quelque chose à dire, d'avoir l'air amical et attentionné, de faire des petites blagues, sans prendre le risque de froisser qui que ce soit ou de passer pour un rustre refusant le dialogue. Ce qui est souvent la première étape avant d'être catégorisé petite merde hautaine et prétentieuse. Qui est, elle-même, l'étape juste avant celle où ça dérape.

La thématique de la météo vous permettra de converser avec toutes les personnes que vous viendrez à croiser, et ce, indépendamment de leur âge, de leur origine, de leur niveau social ou de leur profession. Des commerçants de votre quartier, aux mamies promenant leur chien, en passant par les dealers squattant le hall de votre immeuble, c'est un sujet que tous apprécient. Ainsi, en ayant constamment quelque chose à dire, en étant affable et avenant, toujours d'accord avec vos interlocuteurs, vous mettrez toutes les chances de votre côté pour être perçu comme quelqu'un d'appréciable, dont il ne viendrait presque à personne l'idée de le rudoyer.

Mon conseil : Usez et abusez de la météo pour interagir avec vos congénères de façon inoffensive.

Avantage(s) : La météo est un sujet parfait pour vous donner l'image de quelqu'un d'ouvert, de prévenant et de positivement communicatif, sans avoir à prendre le risque de dévoiler le véritable fond de votre pensée ou de vous exprimer sur des thèmes potentiellement plus polarisants en mesure de créer des agacements chez les personnes qui croiseront votre route. Vous serez fade, ennuyeux, interchangeable, mais anodin et doté d'un fort capital sympathie presque sans rien faire. Identifié comme non menaçant, en parfaite santé et bien parti pour le rester. On ne vise pas l'originalité, mais la survie.

Inconvénient(s) : Ce n'est clairement pas la météo qui va vous permettre de vous épanouir intellectuellement ou d'avoir des échanges profonds avec vos congénères, mais vu que l'objectif de ce livre est de vous aider à survivre en milieu urbain – et pas nécessairement de vous y épanouir –, il n'y a pas de raison de s'en plaindre.

Survie et accomplissement de soi vont rarement de pair.

Astuce : Si le manque de stimulation intellectuelle et d'échanges enrichissants devenait trop pesant, je ne peux que vous conseiller de vous inscrire sur des forums Internet abordant les thématiques qui vous sont chères. Attention, malgré tout, à ne pas faire n'importe quoi. Prenez soin d'utiliser un pseudonyme et une connexion sécurisée afin de vous prémunir de tout problème. Vous ne pouvez sciemment pas endurer quotidiennement des laïus du type « La météo annonce du beau temps pour ce week-end. Si, si, j'vous assure, j'ai vu ça à la télé. Ouais, ils ont annoncé ça hier soir. Ah oui, je suis bien d'accord avec vous, c'est exactement ça, on n'en pouvait plus de la pluie. Ah ça, oui, on n'en pouvait plus. Ça, c'est sûr, ça va faire du bien, un peu de soleil ! » pour tout faire foirer à cause de discussions trop détendues sur le Web.

AVERTISSEMENT : La thématique de la météo n'est, pour autant, pas exempte de risques. Surtout depuis que la planète commence à nous présenter la facture de notre surconsommation. Ne commettez pas l'erreur de relâcher votre attention sous prétexte que vous êtes sur un sujet fédérateur. Si vous n'êtes pas vigilant, vous pouvez rapidement vous faire embarquer sur des terrains glissants et périlleux.

Mon conseil : Si la discussion dérive sur des thématiques du type « climatosceptique » ou « écolo-mystique » un peu trop subversives, prétextez une urgence et éloignez-vous le plus possible de ce lieu de divagation.

Exemples de propos dont vous devez vous méfier :

– Si t'écoutais certains écolo-fascistes, faudrait revenir à un mode de vie digne de celui des hommes préhistoriques pour…
– Quand j'entends certains connards ultralibéraux affirmer que l'urgence écologique n'est qu'un prétexte inventé par…

Ces propos sont souvent annonciateurs d'un changement de tonalité dans la discussion et peuvent être le signe avant-coureur d'une diatribe hors de toute mesure. En général, entre les points de suspension et le début des hostilités, il y a rarement plus de trois phrases supplémentaires.

Là, on n'est plus du tout sur de la météo comme on l'aime. Là, on est dans un autre délire. Dans des délires sombres et terrifiants qui peuvent vous valoir la perte de plusieurs dents en très peu de temps. Croyez-moi sur parole. J'ai vu plus d'une personne dire adieu à une belle dentition sur des discussions ayant démarré avec des phrases de ce type. Pour peu qu'au même instant passe dans les parages, ou soit présent autour de vous, un climato-négationniste affamé de violence appréciant de becqueter des militants écolos au déjeuner ou un écolo-fanatique prêt à casser les bouches des enfants turbulents de *Mother Gaïa* afin de les sensibiliser au désastre écologique qui les menace, et vous pourriez vite vous retrouver en garde à vue, aux urgences ou six pieds sous terre. Alors, fuyez !

Fuyez poliment, après avoir pris toutes les précautions oratoires pour vous permettre un départ précipité dans les meilleures conditions : « Bien entendu ! Au revoir, mes chers amis, ce fut un plaisir de parler avec vous ! Je vous souhaite une belle journée, qu'elle vous apporte beaucoup de clients et de ventes de drogue ! Pardon ? Bien entendu, avec plaisir ! Bien sûr que j'peux vous acheter dix balles de drogue même si je n'en consomme pas ! Si ça vous rend service, c'est avec plaisir, mes jeunes amis ! Et pourquoi pas vingt balles ? Ça vous aiderait à atteindre vos objectifs de vente ? Oui ? Cool ! Non, ne me remerciez pas, j'ai toujours eu à cœur d'aider les jeunes entrepreneurs ! Vous savez quoi ? Mettez-m'en pour trente ! Si, si, ça m'fait plaisir, j'vous assure ! », mais fuyez !

Astuce : Prenez exemple sur certains partis politiques qui arrosent d'aides certains secteurs afin de s'assurer leurs votes et d'acheter la paix sociale. En contribuant, à votre humble niveau, à l'économie locale – souterraine ou de surface –, vous augmenterez votre cote de popularité et vos chances de survie.

Ce qu'il faut savoir concernant la famille :

Prendre des nouvelles des enfants de madame ou monsieur Machin, s'enquérir de la santé des parents âgés de madame ou monsieur Untel, demander ce que devient le petit-fils ou la petite-fille de madame ou de monsieur Trucmuche, comment vont les études de Bidule, les affaires de Tartempion, la grossesse de Machine… est une excellente façon de se faire bien voir et d'échanger sans prendre de risques inconsidérés.

Avantage(s) : C'est le sujet parfait pour être perçu comme une personne attentionnée. Si, en milieu urbain, la bonté n'a probablement jamais épargné à qui que ce soit une livraison de mandales, être identifié comme une personne bienveillante pourrait inciter certaines personnes à plaider en votre faveur en cas de discussion portant sur le fait de vous rudoyer.

Inconvénient(s) : Il y a des personnes dont il est préférable d'éviter de prendre des nouvelles – ou au sujet desquelles la mise en place d'un grand nombre de précautions oratoires est nécessaire –, surtout si vous ne souhaitez pas vous retrouver au milieu d'un excès de violence disproportionné en regard du point de départ somme toute bienveillant.

Exemples de propos dont vous devez vous méfier :

– Comment va ta sœur ? si vous êtes un homme aimant les femmes parlant à un autre homme.
– Comment va ton ex-mari ? si vous êtes une femme célibataire aimant les hommes parlant à une autre femme fraîchement divorcée acceptant difficilement cette séparation.
– Comment va ta mère ? si vous êtes un homme jeune aimant les femmes mûres et parlant à un autre homme jeune,

ou si vous êtes un homme mûr ayant des vues sur la mère d'un jeune et à qui vous commettriez l'erreur d'en parler.

Les propos de ce type sont à bannir. Ils peuvent très vite prendre une sale tournure. Les personnes à qui vous vous adresserez, à tort ou à raison, n'entendront pas « Comment va ta sœur ? » mais « Je baiserais bien le joli petit cul dodu de ta frangine ». Les personnes à qui vous vous adresserez, à tort ou à raison, n'entendront pas « Comment va ton ex-mari ? » mais « Maintenant que la saucisse de ton homme est sans fouf attitrée, je me ferais bien une petite chevauchée fantastique avec ce bel étalon ! Depuis le temps que mon minou n'a plus vu un vilain matou, ça ne pourrait pas lui faire de mal ». Les personnes à qui vous vous adresserez, à tort ou à raison, n'entendront pas « Comment va ta mère ? » mais « Je fantasme grave sur le beau derche de ta génitrice et s'il y avait la moindre possibilité, j'lui boufferais le cul avec délectation ! »

Ça va certainement commencer par : « Pourquoi tu parles de ça ? Pourquoi tu parles de ma sœur / de mon homme / de ma mère ? À quelle heure, tu en parles ? Comment ça, comme ça, juste pour parler ? Mais t'es déglingues de la tête, toi ! Jamais tu en parles ! Jamais ! C'est pas un sujet de conversation ! C'est même pas un sujet de réflexion ! Ni tu en parles ni tu y penses ! Jamais ! Même dans l'hypothèse où il/elle te parlerait, tu lui parles pas ! Bonjour, grand max. Ensuite, tu traces ta route ! J'rigole pas ! » et, en cas de doute ou de mauvaise réponse, ça va se finir par une violente combinaison du type : jab / jab / over hand / uppercut !

Demander de façon bizarre ou insistante des nouvelles de la sœur d'un gars un peu trop susceptible, et sincèrement persuadé qu'il a un droit de regard sur qui parle avec – ou juste observe – sa sœur, peut vous valoir un passage à tabac.

Demander de façon bizarre ou insistante des nouvelles de l'ex-mari d'une femme un peu trop susceptible, et sincèrement persuadée qu'elle a un droit de regard sur qui parle avec – ou juste observe – son ex-mari, indépendamment de ce que mentionne la restriction d'approcher dont elle est objet, est le meilleur moyen de vous faire crever les yeux.

Demander de façon bizarre ou insistante des nouvelles de la mère d'un gars un peu trop susceptible, et sincèrement persuadé qu'il a un droit de regard sur qui parle avec – ou juste observe – sa mère, peut être le début d'un sale quart d'heure qui ne va pas se contenter de vous paraître plus long qu'il ne l'est réellement, mais va véritablement l'être, plus long. C'est typiquement le genre de sale quart d'heure qui peut facilement finir par s'étaler sur six à dix-huit mois, en fonction de la peine de prison requise à votre encontre ou de comment votre corps va réagir aux différentes opérations et séances de kinésithérapie auxquelles vous allez devoir vous astreindre dans l'espoir de retrouver une pleine mobilité.

Important : Si demander des nouvelles des membres de la famille des uns et des autres est une excellente façon de vous faire apprécier, c'est seulement à condition que vous le fassiez sans la moindre arrière-pensée bizarre.

Et encore ! Même sans la moindre arrière-pensée bizarre ou potentiellement ambiguë, ne demandez pas de nouvelles de certains membres de la famille de personnes susceptibles, pointilleuses ou belliqueuses, chez qui ça pourrait faire naître le soupçon que vous avez justement ce type d'arrière-pensées bizarres ou ambiguës. Surtout si ce n'est pas le cas !

Astuce : Pour éviter toute possibilité de malentendu, ne demandez pas de nouvelles de personnes du sexe opposé, ou d'orientation sexuelle potentiellement compatible avec la vôtre. Contentez-vous de prendre des nouvelles de membres de la famille du même sexe, ou d'orientation sexuelle – au moins officiellement – non compatible avec la vôtre.
En agissant ainsi, vous limiterez les risques inutiles.

Si vous êtes un homme hétérosexuel conversant avec un autre homme, vous ne pouvez pas parler de sa sœur, de sa mère, de ses cousines, de ses tantes, de ses nièces... La seule personne de sexe féminin dont vous pouvez éventuellement prendre des nouvelles, c'est sa grand-mère. Et encore, seulement à condition que vous ne soyez pas connu pour être un gérontophile notoire. Sans quoi, ça pourrait vite tourner au drame. En revanche, vous pouvez prendre des nouvelles de ses frères, de son père, de ses cousins, de ses oncles, de ses grands-pères... Et encore, seulement à condition que vous ne soyez pas connu pour être un bisexuel occasionnel appréciant aussi bien de croquer dans un bel abricot que dans une délicieuse banane. Sans quoi, ça pourrait vite tourner au drame.
Vous avez saisi l'idée ? Je vous laisse décliner en fonction de votre genre et de votre orientation sexuelle.

Le but d'aborder ce sujet chiant à mourir et inintéressant au possible, c'est que c'est un sujet anodin. Si vous avez le moindre doute, passez votre chemin. Ne demandez pas des nouvelles juste pour demander des nouvelles ou, pire, poussé par un esprit de contradiction vous incitant à demander des nouvelles de gens dont vous n'avez pas spécialement à avoir de nouvelles – même si aucune loi ne vous l'interdit –, à des gens qui ne souhaitent pas spécialement vous en donner.

En milieu urbain, la présomption d'innocence n'existe pas. Un simple doute peut vous valoir une sanction brutale.

Et, par pitié, ne me sortez pas des conneries du type « J'ai rien dit de mal », « J'ai quand même le droit de prendre des nouvelles », « On peut plus rien dire » ou « On est encore dans un pays libre, à c'que je sache ». La question n'est pas de savoir si vous avez le droit de le dire ou non, ou si on est encore dans un pays libre ou plus tant que ça, mais de savoir si c'est le genre de connerie qui va être en mesure de mettre à mal votre existence. Et si vous souhaitez tout de même des réponses à ces questions, c'est assez simple : oui, vous avez parfaitement le droit, et oui, ça peut aussi mettre à mal votre existence.

À partir de là, à vous de faire vos choix et de décider de l'exercice plein et total de tous vos droits ou de la préservation de votre carcasse, lequel vous souhaitez le plus privilégier.

L'ART DE LA CONVERSATION EN MILIEU URBAIN : LES SUJETS DE CONVERSATION À DOUBLE TRANCHANT

Il y a plusieurs sujets de conversation à double tranchant, mais pour les besoins de ma démonstration, je n'en aborderai que trois parmi les plus récurrents : le sport, la culture et la haine, afin d'en exposer les avantages et les inconvénients, ainsi que les meilleures façons de les utiliser en milieu urbain.

Ce qu'il faut savoir concernant le sport :

Si, dans certaines situations, le sport, que ce soit la pratique ou l'observation, offre la possibilité de créer des liens, de se socialiser et d'intégrer un groupe, dans d'autres situations, s'il est mal abordé, il peut valoir de sévères raclées.

Faites très attention concernant les sports collectifs. Bien utilisés, ils peuvent être un puissant facteur d'intégration et vous permettre de vous faire apprécier même d'un milieu ouvertement hostile à votre personne ou à votre communauté. En revanche, mal utilisés, ils peuvent être générateurs de grosses emmerdes. Le sport n'est pas un sujet anodin ni sans risques. Vous ne pouvez pas l'utiliser n'importe comment ou avec n'importe qui ! Prenez soin de l'aborder toujours sous l'angle de la défense des mêmes couleurs. Sans quoi, ça pourrait vous attirer des problèmes. Le nombre de supporters qui ont fini à l'hosto sur le simple prétexte d'avoir chantonné le mauvais hymne ou porté le mauvais maillot, au mauvais endroit, au mauvais moment, face aux mauvaises personnes, est si important qu'il est impossible à recenser.

Mon conseil : Privilégiez les sports individuels.

Avantage(s) : S'il n'est pas rare de voir d'énormes bastons opposant des supporters d'équipes adverses, il est plus rare de voir la même chose au sujet des sports individuels. Les grands champions des disciplines sportives individuelles sont souvent des figures fédératrices que tout le monde apprécie. Si vous prenez soin de papoter à propos d'un champion exemplaire au comportement irréprochable, aussi bien sur le terrain qu'en dehors, vous allez avoir l'occasion de vous exprimer sans prendre de risques inconsidérés, même en territoire hostile.

Inconvénient(s) : Leur potentiel d'intégration à un groupe est nettement inférieur à celui des sports collectifs.

Astuce : Préférez toujours les taiseux aux grandes gueules, les mystérieux aux fanfarons, les propres aux dopés, les bons contribuables aux exilés fiscaux, les bons pères de famille aux partouzeurs notoires... En agissant ainsi, vous n'aurez pas à être associé à d'éventuelles absurdités ou à des prises de parole polarisantes, et à devoir vous positionner par rapport à elles, tenter de les expliquer ou galérer pour vous en désolidariser.

C'est déjà assez compliqué comme ça de s'en sortir, si en plus il faut se retrouver au cœur de houleux débats au sujet de montages financiers pour fuir les impôts, d'arrestations pour consommation de drogue sur les nichons de prostituées ou de je ne sais trop quelles autres frasques, alors que l'on souhaite juste améliorer un peu sa côte sociale, ça ne va pas le faire !

Ce qu'il faut savoir concernant la culture :

S'il ne fait aucun doute que parler d'art, de cinéma, de séries, de théâtre, de danse, de littérature, de philosophie, de poésie, de musique... est un excellent moyen d'échanger avec toutes sortes de personnes, malgré tout, restez sur vos gardes. Ce sujet n'est pas si anodin qu'il peut le paraître.

Avantage(s) : Une embrouille entre binoclards a peu de chances de mettre un terme à votre existence.

Inconvénient(s) : Certains pans de la culture peuvent contenir des thèmes très sensibles et vous pourriez avoir maille à partir avec des profils non binoclards qui n'auront ni le temps ni le goût de rentrer dans la subtilité du débat, s'arrêteront aux grandes lignes entendues et vous feront valoir leurs arguments à grands coups de mornifles dans la tronche.

Avertissement concernant l'art contemporain :
À part dans les soirées mondaines entre personnes de haut fessier, évitez de clamer votre amour pour l'art contemporain.

En général, des installations en forme de teubs, des vagins ensanglantés de douze mètres de haut, des peintures faites avec du caca, des objets religieux plongés dans de l'urine ou des godes géants érigés sur la voie publique afin de formuler des dénonciations virulentes de notre société… ça a tendance à créer la polémique. Mais lorsque, en plus, ces œuvres sont vendues des fortunes à des élus se faisant une fierté de dépenser les impôts locaux dans ce type d'acquisition et insistant pour les exposer au cœur d'un lieu historique sans consulter les habitants auparavant, là, ça a tendance à foutre la rage à énormément de monde. Et quand je dis que ça fout la rage à énormément de monde, je suis encore loin du compte. En seulement quelques échanges un peu houleux, on peut voir d'honnêtes citoyens, qu'on n'entend généralement pas, se muer en tueurs de masse. Voilà pourquoi je ne peux que vous conseiller de vous en tenir soigneusement éloigné. Même si ça vous plaît, même si vous en comprenez les subtilités, même si vous appréciez les œuvres provocatrices et sulfureuses, même si vous vous sentez en accord avec le message, même si l'on ne peut pas résumer l'art contemporain à quelques œuvres qui défraient la chronique… ne le mentionnez pas, c'est plus sage.

Si vous n'êtes pas l'artiste à l'origine de l'œuvre au cœur de la polémique, vous n'avez pas de raison de récolter les insultes et les menaces de mort que cette création va générer, ni de vous faire pourchasser par des riverains fous furieux à cause de cette « hideuse verrue » défigurant leur lieu de vie et bien décidés à tabasser quelqu'un pour se venger de l'affront.

Astuce : Si vous tenez absolument à aborder le sujet de l'art contemporain, privilégiez toujours les installations évoquant des thématiques fédératrices et exposées dans un musée – jamais celles érigées sur la voie publique ! –, c'est plus sûr.

Avertissement concernant l'art urbain :
À part dans les zones urbaines prioritaires où l'art urbain est apprécié, reconnu et encouragé, évitez de trop clamer votre amour pour cette discipline. Et n'en faites jamais mention dans des lieux où le mètre carré a une valeur non négligeable.

En général, les propriétaires immobiliers peuvent rentrer dans des colères complètement folles dès que l'on commence à leur parler de la beauté du *street art* et des infinis trésors de créativité que l'on peut observer dans les graffitis. Si c'est pour faire chier votre oncle qui la ramène à chaque dîner de famille avec tout l'argent qu'il touche des appartements qu'il possède, alors ouais, pourquoi pas, lancez-le sur le sujet et régalez-vous en le regardant s'étouffer de colère. Mais en dehors d'un cadre familial sécurisé, et face à des gens dont vous ne connaissez pas les limites, abstenez-vous ! Ce genre de propos, ça peut faire disjoncter même un gars aux mains manucurées, vêtu d'un pantalon en velours, de mocassins à glands, d'une veste en tweed et d'un foulard en soie. Ça peut pousser un paisible rentier à talocher salement un gus ayant commis pour seule erreur de clamer un peu trop fort son goût pour l'art urbain.

Astuce : Si vous tenez vraiment à parler d'art urbain, restez sur de l'art urbain ayant lieu dans des expositions du centre-ville et effectué sur absolument tout sauf du mobilier urbain ou des biens immobiliers, c'est plus sûr.

De la même façon que nos sociétés ont explosé en milliers de petits îlots qui ne communiquent presque plus les uns avec les autres – voire pire, refusent de le faire –, la culture a subi un morcellement identique. Il n'y a pratiquement plus de socle commun, plus aucune œuvre fédératrice capable de réunir tout le monde indépendamment de ses origines, de ses croyances, de son niveau socioprofessionnel. Chaque groupe social crée son propre contenu. Chaque créateur parle à sa communauté. Chaque œuvre vise une cible prédéfinie. Il est donc très facile, en écoutant les références des uns et des autres, de deviner leurs origines, leur milieu, leur métier, leurs revenus et leurs affinités politiques.

Si certaines références peuvent valoir des applaudissements dans certains quartiers, les citer à peine quelques pâtés de maisons plus loin pourrait vous valoir un violent lynchage. Alors, prenez garde. Sachez à qui vous parlez avant de dire quoi que ce soit. Et ne croyez pas que la liberté d'expression ou de pensée, le goût du débat ou l'amour de la rhétorique vous sauveront de la colère et de la frustration qui habitent bon nombre de personnes. L'énoncé d'une mauvaise référence au mauvais endroit face aux mauvaises personnes pourrait très facilement vous valoir un bannissement social. Et, face aux plus bornés et intolérants, un lynchage n'est pas à exclure.

Mon conseil : Privilégiez la partie acidulée et sucrée de la culture. Fuyez les œuvres de penseurs marqués politiquement, celles de créateurs engagés ou d'artistes sulfureux. Appréciez-les, collectionnez-les, admirez-les… mais n'en faites mention que dans des cadres sécurisés, à des personnes dont vous êtes totalement certain de la filiation intellectuelle.

Astuce : Prévoyez, à votre demeure, une partie à l'abri des regards indiscrets pour y entreposer les œuvres pouvant être considérées comme tendancieuses. Peu importe que vous soyez un esthète curieux de tout, que vous appréciiez des artistes grand public aussi bien que des artistes provocateurs, que vous bouquiniez aussi bien des ouvrages présents de partout que des ouvrages interdits à la vente. Agir ainsi vous évitera, en cas de réception chez vous de convives inquisiteurs qui viendraient à fouiner dans votre demeure, d'avoir à vous justifier au sujet de la possession de telle ou telle œuvre.

Si les gens affirment aimer la liberté d'expression et les personnes curieuses, dans les faits, c'est quelque peu différent. En cas de crime de pensée, invectives, bannissement social et lynchage sont tout ce qui vous attend. Ne vous faites pas attraper bêtement par la patrouille de la bien-pensance au détour de ce qui n'aurait dû être qu'une anodine soirée apéro.

Ce qu'il faut savoir concernant la haine :

Bien souvent, le fait d'avoir un sujet de détestation en commun est un moyen efficace de créer des liens et de sauver sa vie en détournant la haine potentielle d'un interlocuteur belliqueux vers une cible qui n'est pas nous, et que nous sommes prêts à calomnier à ses côtés, du moment que ça lui coupe l'envie de nous rudoyer. La haine commune d'un autre qui n'est pas nous est une façon de tisser des liens en milieu hostile, un bon moyen de se faire accepter et, peut-être, l'une des plus rapides manières d'intégrer un groupe inamical et de changer en « amis » des personnes qui sinon auraient pu se faire un plaisir de nous chahuter à l'aide d'un chalumeau.

Ne dit-on pas que *l'ennemi de mon ennemi est mon ami* ?

En conséquence, si vous sentez que vous êtes près d'entrer dans la ligne de mire d'un furieux appréciant d'éviscérer des gens pour se détendre après une longue journée de larcins et d'extorsions, faites en sorte de lui être agréable et rappelez-lui que même s'il n'aime pas trop votre gueule et souhaite vous faire du mal, il y a d'autres personnes qu'il hait plus que vous et à qui il souhaite encore plus faire du mal. En jouant sur son goût pour la diffamation, les insultes et la violence verbale, vous devriez parvenir à l'amadouer et à empêcher l'expression de sa colère sur votre personne. Rien de tel qu'un ennemi commun pour voir naître les alliances les plus improbables.

Avantage(s) : Incroyable accélérateur d'intégration qui peut être incorporé à presque tous les sujets de conversation.

Inconvénient(s) : C'est une technique très dangereuse et hautement inflammable qui peut vite prendre une tournure incontrôlable si vous n'y prenez garde. Elle n'est pas à utiliser à la légère et demande un très grand savoir-faire. Si, dans une situation fortement périlleuse, la haine peut offrir une issue de secours, elle peut aussi être le point de départ d'une suite d'événements sombres et dangereux.

AVERTISSEMENT : À moins d'être expert en politique ou en manipulation, n'utilisez pas cette technique ! Sans un grand niveau de maîtrise, cette technique pourrait vous échapper, prendre des proportions folles et une tournure terrifiante.

S'il me semblait intéressant de vous en parler, il me semble important de vous exhorter fermement à ne jamais l'utiliser ! J'ai d'ailleurs longuement hésité à la mettre dans les sujets de conversation à bannir, mais l'astuce que je vais vous présenter dans les lignes à venir, parfaitement utilisable au quotidien, m'a décidé à la mettre dans les sujets à double tranchant.

Astuce : Troquez la haine pour l'agacement.

Avoir des sujets d'agacement communs avec un groupe initialement hostile est un bon moyen de se faire accepter sans avoir à enfreindre la loi ou à vous enliser dans des délires sombres et risqués. Pour un débutant, la technique de l'agacement météorologique est la plus simple à mettre en place. Grâce à la météo, il va vous être facile d'avoir un sujet d'agacement commun. Le mauvais temps s'il fait mauvais, le soleil s'il y a trop de soleil, la pluie s'il y a trop de pluie, le vent s'il y a trop de vent, la neige s'il y a trop de neige, les nuages s'il y a trop de nuages, le ciel bleu si le ciel est trop bleu... vous avez saisi l'idée. Utilisez cette technique aussi souvent que nécessaire afin de détourner l'agacement des individus les plus énervés de votre entourage vers un sujet de mécontentement commun qui, pour ne rien gâcher, n'est pas votre personne.

L'ART DE LA CONVERSATION EN MILIEU URBAIN : LES SUJETS DE CONVERSATION À BANNIR

La politique, l'éducation, l'économie ou la religion, pour ne citer que ces quatre sujets de conversation très sensibles, sont parmi les principaux sujets de conversation à bannir si vous ambitionnez de survivre en milieu urbain.

Ils ne vous attireront qu'emmerdes, engueulades, menaces, empoignades, interpellations, hospitalisations, incapacités temporaires de travail, jugements et cellules de prison.

THÉMATIQUE : POLITIQUE

Possibles propos : Vous ne m'enlèverez pas de la tête que la dernière mesure de ce gouvernement fasciste est liberticide et constitue une atteinte manifeste à nos droits fondamentaux.

Avertissement : Les événements décrits par la suite seront identiques, quand bien même vous tiendriez des propos défendant la position inverse, du type « Vous ne m'enlèverez pas de la tête qu'il était temps que des politiciens courageux se saisissent de ce problème et fassent enfin passer cette loi audacieuse et nécessaire ». Le problème n'étant pas tellement votre positionnement, mais la thématique en elle-même !

Face à un partisan : Applaudissements et acclamations.

Face à un opposant : Débat d'idées sous forme de cris et d'insultes, qui se transformera assez rapidement en un déluge de coups désordonnés et se conclura par une brutale chute, suivie d'une tentative de mise à mort par étranglement arrière.

Chances de survie : Assez faibles.

Chances d'emprisonnement si vous survivez : Énormes.

Mon avis : En fonction des propos que vous aurez tenus et de la brutalité du débat d'idées déclenché, les conclusions peuvent aller de noms d'oiseaux à de violentes agressions physiques, voire jusqu'à la découverte de votre corps sans vie habilement suicidé de trois balles dans le dos. La politique est donc un sujet à manier avec une prudence extrême.

Thématique : Éducation

Possibles propos : Vous ne m'enlèverez pas de la tête que l'école doit apporter des réponses fermes à l'indiscipline et à l'insolence des nouvelles générations et qu'il est de son devoir d'inculquer le respect, le savoir et la soumission à l'autorité.

Avertissement : Les événements décrits par la suite seront identiques, quand bien même vous tiendriez des propos défendant la position inverse, du type « Vous ne m'enlèverez pas de la tête que l'éducation est un formatage qui brise nos enfants et que nous devrions les laisser faire ce que bon leur semble quand bon leur semble pour qu'ils puissent s'épanouir pleinement et librement ». Le problème n'étant pas tellement votre positionnement, mais la thématique en elle-même !

Face à un partisan : Applaudissements et acclamations.

Face à un opposant : Petite feinte du type « Viens là, copain, t'inquiète, j'vais pas te frapper » suivie d'une balayette et de multiples coups de pieds sur tout le corps une fois au sol.

Chances de survie : Assez minces.

Chances d'emprisonnement si vous survivez : Fortes.

Mon avis : L'éducation est devenue un sujet délicat où plus aucun consensus n'existe. Si, face à un auditoire partageant vos opinions, il peut faire grimper follement votre popularité, face à un auditoire un peu moins enthousiaste, il peut vous valoir un détour par la case tribunal ou hôpital. À vous de bien peser le pour et le contre avant de vous y aventurer.

Thématique : Économie

Possibles propos : Vous ne m'enlèverez pas de la tête que les grandes entreprises se gavent sur le dos des travailleurs et ne pensent qu'à générer toujours plus de bénéfices en écrasant tout sur leur passage. Nous devons neutraliser la voracité des plus fortunés en créant un système favorisant une plus juste répartition des richesses et la préservation de notre planète.

Avertissement : Les événements décrits par la suite seront identiques, quand bien même vous tiendriez des propos défendant la position inverse, du type « Vous ne m'enlèverez pas de la tête que ceux que vous appelez "travailleurs" ne sont que feignasses, spoliateurs, fripons et pleurnicheurs tout juste bons à faire la sieste, à voler des fournitures, à chouiner au sujet de leurs conditions de travail et à quémander des augmentations ». Le problème n'étant pas tellement votre positionnement, mais la thématique en elle-même !

Face à un partisan : Applaudissements et acclamations.

Face à un opposant : Vous allez gueuler, il va gueuler. Vous allez gueuler plus fort, il va gueuler plus fort. Vous allez gueuler encore plus fort, il va gueuler encore plus fort. Et vous allez gueuler comme ça jusqu'à ce que l'un de vous deux – ou les deux – perde sa voix, son audition ou sa patience, et décide d'arrêter de gueuler pour se bastonner.

Chances de survie : Quasi inexistantes.

Chances d'emprisonnement si vous survivez : Sérieuses.

Mon avis : En fonction de qui vous alpague, de quel côté des barricades vous vous trouvez et des propos que vous aurez tenus, soit ça va se conclure à grands coups de pancartes, de chemises déchirées et de cravates arrachées, soit ça va se conclure par des avertissements, des rétrogradations, des mises au placard, des mutations au pôle Nord, une mise à pied le temps que vous retrouviez un semblant de raison, un solde de tout compte ou une rupture de contrat sans indemnité.

Thématique : Religion

Possibles propos : Vous ne m'enlèverez pas de la tête que les religions n'ont pas leur place dans l'espace public et qu'elles devraient être circonscrites à la sphère privée.

Avertissement : Les événements décrits par la suite seront identiques, quand bien même vous tiendriez des propos défendant la position inverse, du type « Vous ne m'enlèverez pas de la tête que le matérialisme exacerbé, la disparition de toute forme de spiritualité et la soumission totale à cet ersatz de dieu nommé *Croissanceetconsommation*, sont les signes de la décadence de nos sociétés et la raison de leur inévitable et imminent effondrement ». Le problème n'étant pas tellement votre positionnement, mais la thématique en elle-même !

Face à un partisan : Applaudissements et acclamations.

Face à un opposant : Il y a de fortes chances que vous établissiez domicile plus vite que prévu dans votre jolie demeure pour l'éternité fabriquée en bois de merisier.

Chances de survie : Proches de nulles.

Chances d'emprisonnement si vous survivez : Élevées.

Mon avis : Dois-je encore convaincre qui que ce soit que, de nos jours, parler de religion, quand bien même ce serait dans une optique sincère, positive et bienveillante d'écoute et d'échange, a toutes les chances de mettre fin à une existence plus vite qu'un saut à l'élastique sans élastique ?

Mon conseil : Enlevez-vous de la tête toutes les conneries dont vous êtes certain qu'on ne vous les enlèvera pas de la tête.

Nul n'est à l'abri de tomber sur un apprenti neurologue autodidacte pratiquant des chirurgies du ciboulot à coups de grandes patates dans la gueule, sans jamais utiliser ni bloc opératoire, ni masque, ni gants, ni bistouri, ni gel désinfectant, et qui pourrait vouloir vous ôter ces idées de la tête avec des techniques bien à lui et répertoriées dans aucun livre de médecine. S'accrocher à des choses aussi abstraites que des idées, en dehors de salons mondains propices à la discussion et aux débats dans un cadre chauffé et sécurisé, c'est s'assurer un énorme paquet de péripéties aux conséquences bien réelles, souvent incontrôlables et potentiellement très fâcheuses.

Ne surestimez pas la valeur de vos idées et de vos opinions en rapport aux délirantes emmerdes qu'elles sont en mesure de vous attirer ! À part pour ceux ayant bâti un juteux fonds de commerce sur ces thématiques, pour tous les autres, il n'y a pas grand intérêt à s'y aventurer. Vous n'y gagneriez pas le moindre billet, mais auriez de fortes chances d'y prendre de brutales beignes. Les chiffres n'étant pas en votre faveur, passez humblement votre chemin.

L'art de la conversation – Conclusion

L'art de la conversation en milieu urbain est un art complexe qu'il n'est pas aisé de maîtriser. Passer son temps à ne parler que de météo, de famille, de cumulonimbus et des gosses d'Untel ou d'Unetelle, dans l'espoir de ne pas se retrouver dans des situations où la seule échappatoire passe par la distribution de bourre-pifs, est une épreuve qui pourrait s'apparenter à de la torture mentale. Néanmoins, vous n'avez pas d'autre choix si vous ne désirez pas finir au beau milieu de situations étranges et difficilement contrôlables.

De nos jours, il ne faut pas spécialement longtemps pour qu'une blague anodine sur la dernière loi votée au Parlement évolue en séance d'écartèlement sur la voie publique. Voilà pourquoi, si vous ne souhaitez pas vivre d'inutiles esclandres et péripéties, il est important que vous appreniez à maîtriser les subtilités de l'art de la conversation en milieu urbain.

LE COMBAT

Bien souvent, lorsque l'on parle de survie, l'un des sujets venant immédiatement à l'esprit, c'est le combat. S'il est vrai qu'il est inhérent à la survie, je vais tenter de vous proposer une vision nouvelle de cette thématique. Mon objectif étant de vous aider à préserver votre intégrité physique et de vous permettre de survivre dans les meilleures conditions, je ne vais pas vous raconter de fausses histoires à base d'armes, de bastons, de violences ou de fusillades. Si toutes ces choses visuellement fascinantes ont pu faire les beaux jours du cinéma et de nombreux artistes, dans la réalité, c'est plus complexe. Elles comportent un max d'inconvénients et d'effets secondaires dont on oublie souvent de vous parler.

Soyez bien conscient que là où l'évitement permet des sauvetages de miche, l'affrontement génère principalement des blessés, des morts, de la haine et des envies de vengeance.

En tant qu'honnête citoyen qui paie des impôts, qui a un travail, une famille, une carte d'électeur, une complémentaire santé, des congés payés, des cartes de fidélité, des loisirs, des projets, des sous-vêtements de toutes les couleurs et quelques possessions de valeur, vous allez avoir du mal à rivaliser dans le domaine de l'annihilation avec des spécimens sans foi ni loi.

De nos jours, se balader seul et calibré, façon justicier autoproclamé, dans les rues d'une grande ville déshumanisée peuplée de furieux biberonnés depuis l'enfance à la violence et aux dislocations, afin de tenter de rétablir l'ordre dans des zones de non-droit ou juste histoire de ne plus vous faire emmerder, a plus de chances de vous mener tout droit à un lit d'hôpital, à une cellule de prison ou à un cercueil que de vous valoir médailles, félicitations et récompenses. Certains s'y sont essayés, ils y ont laissé des plumes. En vous engageant dans cette voie, à moins d'accepter de pouvoir tout perdre et de vous découvrir un don pour la baston et la dislocation d'êtres humains, vous ne pourrez pas lutter face à des spécimens n'ayant rien ou pas grand-chose à perdre et tombés dans la marmite de la violence dès leur plus jeune âge. Ils vous surpasseront toujours en horreur et en férocité.

LES DISCIPLINES SPORTIVES
FAVORISANT LA SURVIE

Lorsque l'on aborde la question de la survie et de la préservation d'intégrité physique, la plupart des gens songent à prendre une licence dans un club apprenant à distribuer les mandales. Si je comprends parfaitement l'aspect rassurant des sports reposant sur ce principe, croyez-moi sur parole quand je vous dis que le meilleur moyen de rester en vie, c'est encore de ne pas combattre. Le combat n'est à envisager qu'en dernier recours, si vous êtes acculé et n'avez plus le choix. Dans toutes les autres situations, vous devez, autant que possible, éviter de céder à vos pulsions de violence. Si elles peuvent, à court terme, vous apporter de puissantes décharges d'adrénaline et vous offrir une forme de satisfaction, à moyen et long terme, la violence entraînant toujours plus de violence, ce sont des nids à emmerdes.

Face à des spécimens qui ne la joueront pas à la loyale, à part si vous êtes né pour le combat et prêt à tout perdre pour un motif aussi futile qu'un regard, tout votre entraînement ne représentera pas grand-chose en extérieur, dans la vraie vie, loin de la chaleur bienveillante et des normes d'hygiène et de sécurité d'un lieu protégé et soumis à un règlement intérieur.

À dix contre un, face à une bande de furieux au palmarès cumulé de plusieurs centaines d'arrestations pour menaces, insultes, agressions, violence, homicides volontaires ou involontaires, homicides engendrés par la curiosité et l'envie de voir ce que ça fait de tuer ou juste pour passer le temps, ça va être autrement plus compliqué qu'une séance avec le gars aux mains les plus lourdes de votre club. Si je comprends l'attrait que ces disciplines peuvent exercer, et que je ne déconseillerai jamais de les pratiquer, bien au contraire, il est important que vous soyez conscient de leurs limitations dans le cadre de la survie, histoire que vous ne vous fassiez pas embarquer par les sirènes de la distribution de torgnoles et ne vous retrouviez pas à avoir de désagréables surprises.

Mon conseil : Ne misez pas uniquement sur des disciplines basées sur l'affrontement, la livraison de mandales et les tentatives d'étranglement, et ne négligez pas celles élaborées autour de la fuite, de l'évitement et du camouflage.

Idées de disciplines à pratiquer pour survivre :

– **Le Parkour :** Cette discipline, associant course, franchissement d'obstacles et acrobaties, est une excellente discipline à pratiquer dans le cadre de la survie en milieu urbain. La puissance, la souplesse et l'intrépidité acquises lors de sa pratique vous permettront de vous sortir de bien des emmerdes et de galoper un bon moment tout en franchissant barrières, grillages, escaliers, avec aisance et facilité.

– **Le 400 mètres haies :** Cette discipline, associant sprint long et franchissement d'obstacles à haute vitesse, est une excellente discipline à pratiquer dans le cadre de la survie en milieu urbain. L'explosivité, la souplesse et l'agilité acquises lors de sa pratique permettront à toute personne désireuse de préserver son espérance de vie d'obtenir un réel avantage.

– **Le 3 000 mètres steeple ou les courses à obstacles :** Ces disciplines, associant course de demi-fond, franchissements d'obstacles plus ou moins complexes et brusques changements de rythme, sont d'excellentes disciplines à pratiquer dans le cadre de la survie urbaine. La résistance, la rapidité, la capacité à encaisser de violentes variations d'allure et l'aisance à franchir des obstacles, acquises lors de leur pratique répétée, vous permettront de distancer un bon paquet de prédateurs.

– **Le rugby ou ses ancêtres, la soule et le calcio florentin :** Ces disciplines, associant courses intenses, zigzags entre colosses souhaitant vous intercepter et joyeuses distributions de mandales à vive allure, sont d'excellentes disciplines à pratiquer dans le cadre de la survie en milieu urbain. Vitesse, agilité, explosivité, sens de l'esquive, combativité et prises de décisions rapides... autant de qualités en mesure de vous sortir de plus d'un bourbier ! Et, en bonus, la création de liens de camaraderie et l'appartenance à un groupe habitué à se battre les uns pour les autres, ce qui, par les temps qui courent, sont des choses précieuses qu'il est crucial de cultiver.

– **Le cache-cache :** Cette discipline, associant vitesse de réflexion, capacité à comprendre un terrain et science du camouflage, est une excellente discipline à pratiquer dans le cadre de la survie en milieu urbain. La vivacité et la malice acquises lors de sa pratique vous aideront à plus d'une reprise, sans avoir à verser la moindre goutte de sueur ni avoir besoin de développer des capacités athlétiques hors norme, ce qui, pour les personnes limitées physiquement et ne pouvant pas compter sur une puissance de frappe en mesure de mettre n'importe qui K.-O. en un coup, est un plus non négligeable.

Par pitié, ne riez pas ou ne vous énervez pas en disant que c'est nul, que c'est débile, que c'est ceci ou que c'est cela. Si votre truc, c'est la castagne, alors soit. Allez-y pour la castagne. Mais si même les forces armées s'entraînent au camouflage, c'est certainement pour une bonne raison. Savoir devenir invisible vous aidera plus que vous le pensez !

D'après mon expérience, quand on vous annonce qu'un groupe de dix possédés énervés, la bave aux lèvres, les yeux injectés de sang, des menaces et des promesses de châtiments plein la gueule, vous attend à la sortie du lieu où vous vous trouvez, avec l'intention clairement affichée de vous démonter salement la tronche, il est plus important de savoir se cacher, escalader tout type de mobilier urbain et courir très vite et très longtemps que d'être expert en distribution de mandales.

Dix furieux irrités parce que vous auriez précédemment durement malmené l'un des leurs après qu'il eût tenté de se servir dans votre paquet de clopes sans accord de votre part, armés de marteaux et de béquilles ayant plus pour but de fendre votre crâne que d'effectuer des travaux ou de les aider à se mouvoir suite à un accident, ce n'est pas la même histoire qu'un affrontement dans les règles du noble art supervisé par un entraîneur diplômé et prêt à sonner la fin du combat si les esprits s'échauffaient et que les échanges commençaient à devenir exagérément appuyés. Pas du tout la même histoire.

Mon conseil : Même si vous êtes un fervent adepte de la castagne, en cette sombre période, vous devez réaliser l'importance de ne pas uniquement travailler la puissance de vos frappes et de garder l'esprit ouvert concernant les apports que la pratique de certaines autres disciplines pourrait vous fournir. Si la distribution de torgnoles a certaines qualités, elle ne peut cependant pas tout régler et ne convient pas à toutes les situations. La polyvalence est une richesse à cultiver.

Idées de disciplines à éviter pour survivre :

– **Le sprint court :** Si la pratique du 100 mètres peut sembler une excellente idée pour ce qui est d'améliorer ses chances de survie en milieu urbain, dans les faits, ça ne l'est pas tant que ça. Si courir vite en situation de danger est une chose très importante, il est encore plus important de pouvoir poursuivre son effort suffisamment longtemps pour semer les importuns à nos trousses. En général, à moins de tomber sur une incroyable bande de feignasses, il y a peu de chances que les gus souhaitant nous esquinter la gueule changent d'idées au bout d'à peine 100 mètres de course-poursuite. Donc, même en les effectuant en moins de 11 secondes, si vous n'êtes pas apte à prolonger un minimum votre effort, ce n'est pas le genre de distance qui va dissuader qui que ce soit de combler l'intervalle qui le sépare de vous pour vous caler une ou deux mandales. Si vous souhaitez pratiquer le sprint court, prévoyez tout de même des séances de développement de votre capacité anaérobie lactique de temps à autre, histoire d'habituer votre corps à des efforts un peu plus longs.

En dessous de 400 mètres d'efforts soutenus, ça va être très compliqué d'espérer obtenir de votre pratique sportive des résultats salvateurs en situation de danger.

– **Les courses de fond :** Si le marathon peut sembler une bonne idée dans le cadre de la survie en milieu urbain, dans les faits, ça ne l'est pas tant que ça. Avoir de l'endurance, c'est bien, mais dans des situations de prédation, vous aurez rarement à vous taper plus de deux ou trois kilomètres à haute intensité. S'entraîner à courir plus que ces distances n'a pas une grande utilité. C'est de la gourmandise.

Pire ! Trop travailler votre endurance pourrait vous faire perdre une partie de votre vitesse et de votre explosivité !

Si, dans le cadre d'un effondrement économique, il sera sans doute de la plus haute importance d'être en mesure de parcourir de longues distances à pied, dans le cadre de la survie en milieu urbain hors effondrement, il n'y a aucun intérêt à s'entraîner sur des distances supérieures à cinq kilomètres. Au-delà, soit vous aurez distancé les prédateurs à vos trousses et vous aurez réussi à vous mettre en sécurité, soit vous n'aurez pas distancé les prédateurs à vos trousses et il faudra tenter une nouvelle approche. Dans tous les cas, il n'y aura pas à courir un marathon pour connaître la conclusion.

– **Le kung-fu :** Si le kung-fu peut sembler une bonne idée pour augmenter ses chances de survie, dans les faits, ça ne l'est pas tant que ça. Même si le kung-fu est un magnifique art martial, son efficacité perçue est nettement supérieure à son efficacité réelle en milieu urbain. Alors certes, face à un opposant du type grande gueule petits bras, la maîtrise du kung-fu pourrait vous être d'une aide considérable, mais dans un combat à dix contre un, ça ne fonctionnera jamais aussi bien qu'au cinéma. Si les coups de pied sautés et les figures acrobatiques peuvent faire de vous une star du grand écran, dans une embrouille de rue, ils vous vaudront moins de succès. Je ne saurais trop vous conseiller de privilégier les basiques un peu moches du type frappe surprise à la glotte ou coup de genou dans les couilles, certes, moins artistiques et originaux, mais plus efficaces.

ALTERNATIVE – ALTERNATIVE – ALTERNATIVE – ALT

Si vous souhaitez pratiquer un sport de combat, dirigez-vous vers des disciplines privilégiant l'efficacité, pas trop empreintes d'esprit martial bien trop noble pour les loustics sans foi ni loi auxquels vous pourriez vous retrouver confronté et, de préférence, testées et approuvées par des forces armées. Boxe thaïlandaise, lutte, jiu-jitsu, combat libre, krav-maga, self-defense, close combat… vous avez l'embarras du choix. Des activités sportives validées par des gars dont le quotidien est d'être envoyé sur les plus sanglants théâtres de guerre, dont le versement du salaire dépend de leur capacité à risquer leur vie et dont la fiche métier recense des savoir-faire du type « Contrôler une zone sensible », « Neutraliser une menace » ou « Mettre hors d'état de nuire un forcené », sont des disciplines qui peuvent être envisagées assez sereinement dans le cadre de la survie en milieu urbain.

Avantage(s) : La létalité... ou, plutôt, l'efficacité... pour rester dans des termes acceptables par tous, bienveillants et respectant le pacte républicain.

Inconvénient(s) : La potentielle escalade de la violence, les soucis avec la justice de votre pays et les problèmes de santé inhérents à toutes les techniques mettant la distribution de torgnoles au centre de la méthode pédagogique.

Mon conseil : Pratiquez-les en club avec des professionnels et renseignez-vous au sujet de la législation en vigueur du côté de chez vous afin de pouvoir les appliquer correctement.

ALTERNATIVE – ALTERNATIVE – ALTERNATIVE – ALT

Quelle que soit la discipline que vous choisissez, gardez à l'esprit qu'une excellente condition physique, une capacité à détecter et à éviter les situations à risques, une belle vitesse de pointe, une bonne résistance, de la souplesse, une facilité à franchir les obstacles, une science du camouflage et, dans certains cas, l'aptitude à caler d'anesthésiants plats de la main, sont des qualités qui vous sortiront de bien des traquenards.

Ayez une vision réaliste des armes

RAPPEL – RAPPEL – RAPPEL – RAPPEL – RAPPEL – RAPP

Pour rapide rappel, en France, au moment où j'écris ces lignes, il est possible de détenir certaines armes de catégorie D sous réserve de motif légitime.

- Arme non à feu camouflée : canne, parapluie, épée.
- Arme blanche du type : poignard, matraque.
- Arme incapacitante agissant par projection ou émission.

– Arme à impulsion électrique de contact qui agit à bout touchant. Une matraque électrique, mais pas un Taser.
– Arme dont le projectile est propulsé de manière non pyrotechnique, avec une énergie comprise entre 2 et 20 joules.
– Arme conçue uniquement pour le tir de munitions à blanc, à gaz ou de signalisation, non convertible.

Les armes à feu et le matériel de guerre de catégorie A sont interdits, sauf dérogation. Les armes de catégorie B sont soumises à autorisation. Les armes de catégorie C sont soumises à déclaration. Les armes de catégorie D peuvent être acquises et détenues librement, mais vous ne pouvez pas porter sur vous ou transporter une arme de catégorie D sans motif légitime. Par exemple, dans votre voiture. En cas de contrôle, vous devez être en mesure de fournir une raison valable. Prétendre que l'arme servirait à mieux affronter une altercation ou un danger ne constitue pas un motif légitime. En cas de non-respect de la législation, des amendes et des peines de prison sont prévues. (service-public.fr)

AVERTISSEMENT : La législation n'étant pas la même en fonction des pays et des époques, il est donc de la plus grande importance de vous renseigner avant d'acheter ou de vous balader avec quoi que ce soit qui ne serait pas autorisé par la législation de votre lieu de résidence.

RAPPEL – RAPPEL – RAPPEL – RAPPEL – RAPPEL – RAPP

Si les armes peuvent offrir une illusion de sécurité, ne faites pas l'erreur de croire qu'être armé vous sauvera la mise à coup sûr en situation d'extrême danger. C'est un fantasme aux effets secondaires néfastes nombreux. Sous de faux airs cool et rassurants, les armes sont souvent de fausses bonnes idées.

À moins de vivre dans un État de non-droit en proie à l'anarchie la plus totale, le port et l'utilisation d'armes comportent, en réalité, de nombreux inconvénients en mesure de vous attirer plus d'emmerdes qu'autre chose. Surtout si vous êtes un honnête contribuable avec un domicile fixe, un contrat de travail, une famille et des tas de trucs à perdre.

Inconvénient n° 1 : La loi
C'est bien beau d'avoir une arme, mais si le Code pénal de votre pays n'en autorise ni le port ni l'utilisation, ça va vous valoir plus de complications qu'autre chose. Sans compter que même s'il est permis et que vous êtes parfaitement en règle, entre le port d'une arme de façon réglementée dans une période de paix et de calme relatif et son utilisation dans le cadre de la loi en vigueur du côté de chez vous lors d'une agression violente, on ne parle pas de la même chose.

Inconvénient n° 2 : Le bannissement social
Il est fort probable – particulièrement dans les contrées tempérées, désarmées et ayant perdu la culture de l'armement – que vous finissiez affublé de tristes appellations du type : ennemi des droits de l'homme, extrémiste, vieux con, réac, inconscient, jeune fou furieux, va-t-en guerre... en fonction de la tranche d'âge dans laquelle vous vous trouvez, du public que vous touchez et du discours que vous tenez. Aujourd'hui, le simple fait de ne pas accepter de se faire tabasser sans rien dire peut vous valoir une réputation de dangereux extrémiste.
Soyez-en conscient et agissez en conséquence.

Inconvénient n° 3 : La tentation
De nos jours, avec tous les cons que l'on est amené à croiser sur son chemin, on peut facilement succomber à la

tentation. Même les trajets les plus brefs et quelconques, avec une arme sur soi et la prolifération des vilaines têtes de nœud en carence de châtiments dûment mérités, peuvent très rapidement se transformer en horribles bains de sang.

La situation actuelle est tellement pourrie que le simple fait d'aller chercher du pain à la boulangerie peut conduire le plus paisible de nos concitoyens à une prison de haute sécurité.

Soyez-en conscient et agissez en conséquence.

Inconvénient n° 4 : Les conséquences

C'est bien beau d'avoir une arme sur soi, mais son port laisse sous-entendre son utilisation. Et ça peut vite se conclure par un décès, vingt ans de taule, de potentielles insomnies et le besoin de chercher refuge dans l'alcool, la drogue ou la religion pour apaiser un brûlant sentiment de culpabilité et une terrifiante angoisse de châtiment divin.

Inconvénient n° 5 : La surenchère

L'escalade de la violence est l'un des inconvénients que les gens s'engageant dans cette voie négligent le plus.

Sortir une arme est un acte qui génère souvent une réponse virulente de la part de la personne sur qui vous la pointez. Alors, certes, dans beaucoup de situations, vous verrez des drapeaux blancs et entendrez des demandes d'armistice, mais amusez-vous à sortir votre arme régulièrement et ne soyez pas surpris de finir par voir un de vos interlocuteurs débarquer avec des petites douceurs en mesure de décimer un quartier en moins de cinq minutes. Toute tentative de communication réalisée en braquant une arme sur une personne elle aussi armée a de fortes chances de mal se finir.

Inconvénient n° 6 : La prison

Si, par le plus grand des hasards, vous ne perdiez pas la vie d'atroce façon au cours de cette infernale escalade de la violence, il est fort probable que vous y perdiez votre liberté.

Inconvénient n° 7 : La vengeance

Si, par le plus grand des hasards, vous ne perdez pas la vie d'atroce façon au cours de cette infernale escalade de la violence, ni votre liberté, cela nous amène à l'inconvénient n° 7 : la vengeance. Si vous pensiez résoudre définitivement le problème en réglant son compte au gus qui avait commis l'erreur de vous chercher des noises, vous vous trompiez lourdement. En « réglant ce problème », vous allez ouvrir une tonne de nouvelles équations à multiples inconnues que même le plus brillant des mathématiciens aurait du mal à résoudre. La seule chose de sûre, c'est que vous venez de vous assurer d'une absence de sommeil pour les dix prochaines années. Grosso modo, le temps nécessaire, pour vous, de neutraliser toute la famille du loustic... ou pour sa famille de s'occuper de votre cas. Eh non ! Ça ne fonctionne pas ainsi ! Ils ne laisseront pas couler. Peu importe que vous fussiez dans votre bon droit, peu importe que ce soit lui qui fut à l'origine du conflit, peu importe qu'il vous eût menacé le premier, peu importe que ce fût un récidiviste, peu importe que ce fût une sombre merde... Ses proches ne l'entendront pas de cette oreille et voudront le venger. Ce qui ne présage rien de bon.

Et donc, tout cela m'amène à une conclusion : dans une société tempérée et encore régie par quelques lois, les armes dont le potentiel de létalité est important sont à bannir.

Si vous n'êtes pas convaincu, je vous invite à relire la liste des nombreux inconvénients et à consulter le Code pénal.

Mon conseil : Prenez exemple sur les opprimés du passé, désarmés par les puissants et contraints de dissimuler leur volonté de se défendre avec des moyens astucieux, et qui transformaient des instruments de travail ou des outils agricoles en armes et camouflaient leur pratique du combat sous des apparences de danse et d'inoffensifs divertissements.

Exemples : Trousseau de clés, mousqueton, stylo pointu, parapluie, canne, béquille, bâton de randonnée, antivol de vélo, skateboard, casque de moto, gants renforcés avec coque, clé à molette, marteau, lampe torche aveuglante, laque pour cheveux, bouteille en verre, couverts de repas, tire-bouchon, ouvre-boîte, quelques dizaines de pièces de monnaie dans une bourse en tissu solide, chevalière en mesure de faire sauter une arcade sourcilière même sur une frappe de faible intensité… et n'importe quels autres objets de la vie quotidienne qui vous passeront par la tête, en fonction de vos préférences et de votre facilité à les intégrer à vos habitudes.

S'il ne fait aucun doute que, dans le cadre d'une violente agression armée ou dans des situations d'attaques extrêmes, ces objets ne vous seront pas forcément d'une grande aide – mais bon, face à un con armé d'un fusil d'assaut, pas grand-chose, en dehors d'un autre fusil d'assaut ou d'une escouade de combattants entraînés à la neutralisation des fous furieux hors de contrôle, ne se révélera d'une grande aide –, dans bon nombre de situations conflictuelles de la vie de tous les jours, ces objets peuvent s'avérer de puissants alliés. Parfaitement anodins, ils ne vous feront subir absolument aucun jugement de valeur ou bannissement social, et ils pourraient vous sauver la mise si jamais vous vous retrouviez en situation difficile. Le détournement d'objets du quotidien est une bonne option pour toutes les personnes ayant une famille, un travail, un toit au-dessus de leur tête, une carte d'électeur et une petite vie plutôt sympa, à la recherche de sécurité et de tranquillité, souhaitant pouvoir se défendre sans risquer de tout perdre ou d'avoir à partir trop loin dans la thématique des armes. En agissant de la sorte, vous pourrez bénéficier de l'apaisement et de la réconfortante sensation de sécurité que peut procurer le fait d'être « armé » en terrain hostile, tout en limitant les effets secondaires indésirables en mesure de vous attirer un max de soucis judiciaires, médicaux et/ou moraux.

Vous avez saisi l'idée ? Essayez de trouver aux objets qui vous entourent au quotidien une utilisation supplémentaire en mesure de vous offrir un avantage dans le cadre de la survie.

Un journal ou un magazine, enroulé très serré, peut faire office de matraque de fortune parfaitement efficace en cas de besoin. Et le reste du temps, celui où vous n'aurez pas à rouer de coups les plus belliqueux de vos congénères, vous passerez pour un honnête citoyen, cultivé et curieux, doté d'une passion dévorante pour la lecture et l'actualité.

AVERTISSEMENT : Un skateboard pour se rendre à un rendez-vous professionnel très sérieux, ce n'est pas forcément le plus simple à caler, tout comme une clé à molette pour une personne qui ne bricole jamais ou un casque de moto pour une personne qui n'en fait pas. Faites des choix en accord avec vos habitudes et privilégiez toujours la discrétion et l'efficacité.

L'idée, lorsque l'on convertit des objets du quotidien, ce n'est pas de mettre la puce à l'oreille de tout le monde et de leur signifier, par un comportement inutilement ostentatoire, que vous vous baladez constamment « armé » – même si ces

« armes » n'en sont pas vraiment –, ni d'avoir une attitude trop bizarre, à moins de vouloir vous faire une réputation de fou dangereux et de vous faire bannir socialement. Au contraire, l'idée, c'est de les intégrer à votre vie quotidienne de façon discrète, de les utiliser selon l'usage qui leur a été alloué par la société et, éventuellement, en cas de nécessité, de vous en servir pour extirper vos miches d'une situation périlleuse.

Important : Quels que soient vos choix concernant votre protection, prenez toujours garde à ne rien faire qui pourrait hypothéquer votre avenir et évitez, autant que possible, de gaspiller votre précieux et limité temps de vie dans des querelles vides de sens avec des demeurés de l'existence n'ayant rien à perdre et se complaisant dans les embrouilles.

Dans le cadre de la défense et de la survie en milieu urbain, et tant que nous ne vivons pas dans des lieux sans lois et livrés à l'anarchie la plus totale, aucune option pouvant entraîner des séjours en hôpitaux ou en prison n'est valable.

En temps de paix et dans un pays civilisé, l'opportunité de présenter ses excuses et d'implorer une seconde chance en cas d'obligation à justifier ses actes devant un juge, ne doit pas être négligée. Lorsque l'on se retrouve au tribunal, impliqué dans une sombre histoire, on réalise rapidement qu'il est plus agréable de pouvoir parlementer au sujet de l'importance du dédommagement financier que d'avoir à négocier le nombre d'années à passer derrière des barreaux pour payer sa dette à la société. Si dette il doit y avoir, faites en sorte qu'elle puisse toujours s'acquitter avec des excuses, du travail d'intérêt général, une psychothérapie, un stage de gestion de la colère et/ou des virements bancaires. Toute action entraînant une dette nécessitant un règlement en années de vie est à bannir.

ÉVITEZ UN AFFRONTEMENT GRÂCE À LA MUSIQUE

Alors non, dans le cadre d'une agression ou d'une tentative de vol, je n'irai pas jusqu'à vous conseiller de jouer quelques notes de Chopin, dans l'espoir de voir un agresseur potentiel, ému aux larmes par la beauté d'une sonate effectuée à la volée avec un synthétiseur portatif, vous laisser poursuivre votre route tranquillement. Si ça a des chances de fonctionner sur certains, et s'il est admis par tous que la musique adoucit les mœurs, ça ne fonctionnera probablement pas sur tous, et elle a quand même des limites dans sa capacité d'adoucissement.

Dans le cadre d'une tentative d'agression, il serait sans doute préférable d'envisager le brutal aplatissement du synthé sur la tête du malotru au doux pianotage d'une sonate.

Non, quand je parle de musique, disons que je parle plus de sonorité ou de bruit. Dans la continuité du conseil précédent, où l'on causait des armes et de leurs différents avantages et inconvénients, la dissuasion étant toujours préférable à la confrontation, il me semble crucial de se pencher sur la puissance sonore des ustensiles de défense que vous pourriez être amené à choisir et l'importance qu'elle pourrait avoir.

Mon conseil : Évitez tout ce qui est silencieux et privilégiez tout ce qui est terriblement bruyant.

Les objectifs principaux de notre démarche étant la tranquillité, la défense et l'évitement, et pas l'attaque ou la neutralisation, le bruit est à considérer comme un élément crucial. En conséquence, je pense intéressant de mettre en exergue l'un des avantages de certains paralyseurs électriques qui est la douce sonorité qu'ils émettent et son aspect dissuasif lorsqu'ils sont déclenchés avant une agression et suite à un constat d'échec d'une tentative de désamorçage par le dialogue d'une situation conflictuelle.

Si, suite à des propos du type « Non, jeune chenapan, je ne souhaite pas vous donner mon manteau, ni mon portefeuille, ni mon sac, ni ma montre, ni mes bagues, ni mes mocassins, ni mes clés de voiture, ni mes clés d'appartement, ni quoi que ce soit m'appartenant, quand bien même ces objets vous feraient de l'œil et vous plairaient énormément », la personne malintentionnée insiste dans sa tentative de s'approprier vos biens malgré votre réticence à les céder sans contrepartie financière à hauteur de la cote sur le marché de l'occasion, la musicalité d'un paralyseur électrique pourrait devenir un plus non négligeable dans votre souhait de faire respecter votre volonté, sans avoir à enclencher ni à subir un assaut.

Quand notre route vient à croiser celle d'un con d'humeur à nous pourrir la vie ou ambitionnant de nous subtiliser tout ou partie de nos possessions, sortir un paralyseur électrique pour en jouer quelques notes peut, à défaut d'adoucir les mœurs du con en question, être une bonne façon d'inciter l'importun à poursuivre sa quête spoliatrice plus loin, à la recherche d'une autre personne à faire chier ou à dépouiller.

AVERTISSEMENT : Encore une fois, à n'utiliser qu'en dernier recours et dans une situation où votre intégrité physique serait menacée. Dans tous les autres cas, si vous ne savez pas si la personne qui vous fait face est armée, droguée, folle… donnez-lui ce qu'elle souhaite vous subtiliser. La perte matérielle, bien qu'agaçante, est toujours préférable à une mise en danger inutile ou à une atteinte à votre intégrité.

Astuce : Pour les personnes refusant catégoriquement d'abîmer, de quelque façon que ce soit, la moindre créature vivante, quand bien même tout porterait à croire qu'elle mériterait quelques taloches dans la tronche histoire de lui remettre les idées en place, l'usage d'une alarme de défense peut être un bon moyen d'utiliser le bruit pour vous sortir d'une situation périlleuse tout en restant dans les clous au regard de la loi et tout en respectant votre haut degré d'exigence morale. Vous trouverez des tas de modèles légers sous forme de porte-clés discrets capables de faire un bruit assourdissant en mesure de faire fuir un assaillant ou d'alerter les personnes proches de vous que quelque chose d'anormal est en train de se dérouler, et ainsi hâter la venue de secours.

Le combat
Face à un seul adversaire

RAPPEL – RAPPEL – RAPPEL – RAPPEL – RAPPEL – RAPP

Pour rapide rappel, en France, au moment où j'écris ces lignes, la légitime défense permet de se défendre, de protéger quelqu'un ou un bien, lors d'une attaque immédiate. Les moyens utilisés lors de cette défense sont interdits dans une autre situation. C'est la justice qui vérifie si la riposte, utilisée pour se défendre, est un cas de légitime défense. Pour que la légitime défense existe, les conditions sont les suivantes :

– L'attaque doit être injustifiée ;
– La défense doit se faire pour soi ou une autre personne ;
– La défense doit être immédiate ;
– La défense doit être nécessaire à sa protection, c'est-à-dire que la seule solution est la riposte ;

– La défense doit être proportionnelle, c'est-à-dire égale à la gravité de l'attaque ;
– La défense d'un bien ne doit pas avoir pour conséquence un homicide volontaire, c'est-à-dire entraîner la mort.

Il y a une présomption de légitime défense :

– La nuit, dans un lieu habité, si une personne repousse une personne entrée par effraction, violence ou ruse.
– Si une personne lutte contre le vol fait avec violence.

Il n'y a pas présomption de légitime défense dans une situation où une personne donnerait des coups de couteau après avoir été insultée et sans avoir été victime de violence physique. En cas de non-respect de la législation, des amendes et des peines de prison sont prévues. (service-public.fr)

AVERTISSEMENT : La législation n'étant pas la même en fonction des pays et pouvant changer en fonction des époques, il est donc de la plus grande importance de vous renseigner avant de faire quoi que ce soit qui ne serait pas autorisé par la législation de votre lieu de résidence.

RAPPEL – RAPPEL – RAPPEL – RAPPEL – RAPPEL – RAPP

Autant que possible, refusez la confrontation ! La fuite et l'évitement sont toujours préférables. La seule option viable – et validée par les lois d'un grand nombre de lieux – pour préserver votre intégrité physique lors d'un conflit, est l'évitement. Seule l'esquive peut vous assurer un retour au bercail sain et sauf, en un seul morceau. Toutes les autres options comportent des possibilités non négligeables d'y laisser des membres, de vous retrouver en invalidité totale ou partielle, d'avoir à passer quelques années derrière les barreaux. Elles ne peuvent donc qu'être déconseillées.

Une fois cela dit, dans l'hypothèse où vous seriez pris à partie par un emmerdeur bien décidé à en découdre et où vous vous retrouveriez acculé et sans issue, vous allez devoir vous défendre. Et si vous n'êtes pas un brillant adepte de sport de combat, un ancien légionnaire ou une personne s'épanouissant dans la violence et le conflit, il y a de fortes chances que vous ne sachiez pas par quel bout prendre le problème et que vous vous retrouviez fort dépourvu.

Embrouille à un feu rouge parce que vous n'auriez pas enclenché la première assez rapidement au passage du feu au vert, regard jugé déplacé alors que vous aviez juste une poussière dans l'œil, oubli de prononcer les formules de politesse adéquates face à un malotru souhaitant s'approprier tout ou partie de vos biens, refus de donner votre paquet de cigarettes à des gus prêts à tabasser le premier venu pour quelques bouffées de nicotine, brutal esclandre dans une file d'attente pour des babioles en promo, con marchant en plein milieu du trottoir vous déboîtant l'épaule et vous menaçant d'atroces sévices parce que vous auriez eu l'indécence de dire « aïe » de façon un peu trop exubérante à son goût... ce ne sont pas les occasions qui manquent de se retrouver au centre d'un délirant déferlement de violence gratuite.

Étant adepte du « mieux vaut prévenir que guérir », je pense qu'il est toujours bon d'avoir quelques connaissances des affrontements en milieu urbain, même si l'on souhaite favoriser l'évitement. Si tout le monde n'a pas vocation à devenir un glorieux combattant capable de se sortir à mains nues des pires situations, il est néanmoins judicieux d'avoir suffisamment de connaissances de la thématique afin d'éviter de se retrouver bêtement piégé ou de commettre de grossières erreurs qui nous rendraient inutilement vulnérables.

Quelques pistes de réflexion pour vous aider :

Déjà, pour commencer, vous devez avoir conscience qu'un grand nombre de combats de rue face à un seul adversaire non armé démarre par – et bien souvent, se résume à – une grosse frappe du bras arrière à la tête, balancée par surprise par l'agresseur. En général, soit cette grosse frappe du bras arrière en plein visage met immédiatement K.-O. l'agressé qui s'est fait prendre en traître ou de vitesse, soit elle désarçonne suffisamment la personne qui la reçoit pour permettre à l'assaillant d'enchaîner son agression de diverses façons.

Afin d'augmenter vos chances de vous en sortir, et même si ce n'est pas systématique, vous devez être conscient de cet état de fait et agir de manière à ne pas vous faire surprendre.

– Ne tournez jamais le dos à un agresseur potentiel. Faites-lui toujours face et tentez de vous en éloigner en le gardant attentivement à l'œil.

– Si l'on vient vous chercher des noises alors que vous êtes assis sur un banc ou dans les transports en commun, ne restez pas assis. Vous êtes vulnérable. Redressez-vous calmement, afin de ne pas déclencher une attaque, tout en montrant que vous êtes dans une volonté de dialogue. Une fois debout, vous serez plus à même de gérer un envenimement de la situation.

– Arrangez-vous toujours pour que votre embrouille se déroule à distance d'une frappe immédiate. Accepter de se faire gueuler dessus à dix centimètres du visage n'est vraiment pas une bonne idée. C'est le meilleur moyen de voir la discussion interrompue par un coup de tête ou un crochet.

— Ne vous laissez pas acculer contre un mur, une barrière, une table ou quoi que ce soit qui pourrait vous bloquer, gêner vos mouvements, vous déstabiliser ou vous faire tomber en cas de retraite précipitée ou de tentative de remettre de la distance entre votre agresseur et vous. C'est le meilleur moyen de vous retrouver bêtement pris au piège et d'offrir un avantage à votre adversaire. Sans même parler du fait que vous voir ainsi bloqué ou gêné dans vos mouvements pourrait inciter certains agresseurs pas très courageux à profiter de cet avantage momentané pour engager un assaut.

— Soyez conscient de certains éléments qui pourraient donner un avantage à votre agresseur, du type : cravate, collier, piercings, boucles d'oreilles… et qui pourraient faciliter votre saisie. Retirez-les furtivement si possible.

— Si vous êtes une personne aux cheveux longs, dès que le ton commence à monter, pensez à vous attacher discrètement les cheveux. Une fois que votre adversaire vous aura attrapé par la tignasse il sera compliqué de vous défaire de son emprise et il aura un avantage non négligeable sur vous qui lui permettra de vous causer d'importants dommages pendant que vous vous débattrez difficilement pour vous dépêtrer de sa prise. Si, dans le cadre de la survie, la seule coupe à envisager est la même que celle ayant cours dans les forces armées, c'est-à-dire cheveux rasés à la tondeuse avec une hauteur maximale de trois millimètres, je peux comprendre votre envie d'avoir une coupe de cheveux à la mode. Malgré tout, faites attention, et soyez conscient que plus ils seront longs et facilement saisissables, plus ils représenteront une vulnérabilité et vous exposeront en cas de combat rapproché. Les tresses et les chignons sont à envisager en territoire hostile.

— Si vous portez quelque chose, posez-le, ou portez-le avec votre main faible afin de garder votre bras fort libre.

– Avant même que votre périmètre de sécurité soit franchi, songez à la transformation d'un de vos objets du quotidien en arme. Enroulez discrètement un exemplaire de journal afin d'en faire une matraque, ou utilisez autre chose en fonction de ce que vous avez sous la main et mis en place suite à mes précédents conseils. N'attendez pas le dernier moment.

– Ne vous faites pas surprendre bêtement. Dès que vous vous retrouvez dans une situation où le ton monte et où les distances de sécurité ne sont plus respectées, repérez quel est le bras arrière de votre adversaire et gardez-le à l'œil.

– Durant votre altercation, ne laissez pas votre corps dégagé, ne restez pas la tête en avant ni le menton à découvert. Protégez-vous en prenant une position légèrement de trois quarts, façon garde de boxe masquée, tout en remontant un peu vos bras et vos épaules afin de pouvoir plus facilement vous prémunir d'un coup en traître.

– Ne gardez pas vos bras immobiles le long de votre corps ou les mains innocemment calées dans les poches, c'est le meilleur moyen de vous faire surprendre. Utilisez-les dans votre façon de parler, sans jamais faire de gestes brusques et menaçants, afin de ne pas provoquer une attaque adverse si elle peut encore être évitée par le dialogue.

– Faites en sorte que vos bras soient en mouvement perpétuel entre vous et la personne menaçante, prêts à parer et à intervenir. Ainsi, en cas de déclenchement d'une attaque adverse, vos bras auront déjà raccourci la distance à combler pour bloquer l'attaque et/ou contre-attaquer.

– Ne vous laissez pas agripper. Si la personne cherche à vous attraper les bras ou les vêtements, sommez-la calmement de vous lâcher. Si elle persiste et devient plus menaçante, préparez-vous à une intensification de la confrontation.

– Dans une situation où la distribution de mandales deviendrait inévitable, pensez efficacité. Oubliez tout ce qui est du domaine de l'artistique ou de l'honneur. Troquez les beaux coups de pied retournés et les sublimes *pisão rodado* pour des coups à la mâchoire, à la tempe, à la gorge, au thorax, dans les genoux, aux yeux... et toutes les techniques de ce type permettant une sortie rapide d'un affrontement. Alors, certes, c'est un peu moche, on est loin de l'esprit chevaleresque, on bafoue partiellement les codes d'honneur des arts martiaux... mais on reste en vie et on limite la casse dans une situation où l'on n'avait rien demandé et où l'on n'aurait rien à gagner à jouer selon les règles d'une quelconque fédération, puisque l'on fait face à un con qui ne respecte même pas les règles élémentaires de la bienséance.

– Pour une efficacité maximale de vos frappes, vous devez les lancer avec l'objectif de traverser la cible, pas de l'atteindre. Ne vous contentez pas de toucher, cherchez à traverser !

– Ne pensez pas coup unique, mais rafale de coups. En submergeant votre agresseur, vous pourrez le désarçonner suffisamment pour prendre la fuite ou lui faire passer le goût de la confrontation. En général, ces emmerdeurs cherchant les problèmes sans raison aiment bien frapper les plus faibles, rarement se faire rafaler la tronche par des plus balaises !

– En cas de corps à corps avec un adversaire dominant, cherchez à vous défaire de son emprise par tous les moyens. Surtout si vous veniez à tomber au sol. Ne le laissez pas prendre une position haute sur vous. Griffures, morsures, coups dans les yeux, dans les parties, cris, hurlements... ne reculez devant rien et frappez de toutes vos forces. Tous les moyens sont bons pour vous permettre de vous défaire de son emprise, prendre la fuite ou alerter d'éventuels secours.

– En cas de présence d'une arme, notamment d'un couteau, il est impératif de ne surtout pas accepter la confrontation. Gardez vos distances et éloignez-vous le plus possible. Il est très compliqué de faire face à des attaques au couteau sans subir de graves dommages.

– Éloignez-vous dès que possible. Peu importe si vous prenez le dessus. Peu importe si vous vous révélez être le plus fort. Peu importe si vous êtes en confiance et en mesure de caler quelques enchaînements à un con qui mérite probablement plus qu'une balayette ou qu'un coup dans les couilles. Dès que vous retrouvez une distance suffisante pour vous sortir de ce merdier, vous devez vous éloigner.

– Même si vous neutralisez votre agresseur, ne restez pas à proximité. Il pourrait reprendre ses esprits et souhaiter partir pour un second round, même s'il vient de se faire salement laminer au cours du premier. Beaucoup de cons ont du mal à accepter la défaite et ont des réactions très moches lorsqu'ils perdent. Prenez de la distance en gardant le con à l'œil, réfugiez-vous dans un commerce et prévenez la police.

– N'oubliez jamais qu'en situation de défense, votre seul objectif est de rester en bonne santé. Vous n'êtes pas là pour vous mesurer à votre agresseur, ni chercher à prouver que vous êtes le plus balaise. Vous devez chercher à obtenir un léger avantage afin de vous dégager d'une situation périlleuse et mettre le plus de distance possible entre l'agresseur et vous.

– Faites en sorte de ne pas être pris au dépourvu en ayant une bonne condition physique. Prenez une licence dans un club et entraînez-vous régulièrement, afin que ces gestes deviennent des automatismes et se déclenchent tout seuls. Bien souvent, le simple fait d'être sûr de soi ou d'avoir une allure athlétique peut refréner les pulsions d'un emmerdeur.

IMPORTANT – IMPORTANT – IMPORTANT – IMPORTA

Dans l'hypothèse où vous n'auriez pas d'autre choix que d'en venir aux mains, prenez soin de neutraliser l'importun dans le respect de la loi en vigueur du côté de chez vous, histoire de ne pas vous retrouver à devoir payer inutilement des frais d'hospitalisation ou des dédommagements pour préjudice moral, corporel, esthétique, psychique et que sais-je encore, une fois que ce sombre personnage, vraiment pas tiraillé par la honte et le remords, tentera de vous soutirer un petit billet en vous traînant en justice. Si, si ! Ça s'est déjà vu.

Soyez-en conscient, ne vous faites pas avoir bêtement.

IMPORTANT – IMPORTANT – IMPORTANT – IMPORTA

LE COMBAT
FACE À UN GROUPE

Encore une fois, privilégiez l'évitement, la soumission, la fuite, la ruse, le détournement d'attention, la manipulation… ou n'importe quelle autre option vous permettant d'empêcher la confrontation. Nulle honte à ça. Bien au contraire. Surtout face à un groupe. La seule chose dont vous devez vous soucier, c'est de rester en bonne santé. Mais si, pour des raisons indépendantes de votre volonté, vous vous retrouviez coincé par une bande bien décidée à vous rudoyer et que le conflit devenait inévitable, alors frappez vite et fort, puis fuyez.

Mais, bien entendu, comme toujours, dans le respect de l'autre et de la loi, dans l'amour et le partage.

Mon conseil : Votre seule chance de vous en sortir dans le cadre d'un affrontement inévitable avec un groupe, c'est de jouer sur l'effet de surprise et la brutalité de votre démarrage.

Concentrez-vous sur celui qui vous semble le plus faible ou nonchalant parmi le groupe ambitionnant de vous agresser, et faites-en votre cible. Surprenez-le en lui mettant une rafale de coups, repoussez-le et fuyez. Pour accentuer l'effet de votre démarrage, camouflez-le derrière une fausse soumission histoire d'endormir leur attention, puis explosez brutalement.

En vous jetant furieusement sur celui qui vous semble le plus mou parmi le groupe d'oppresseurs vous menaçant, la férocité de votre attaque surprise associée aux dommages et cris de gorets du connard ayant le droit de voir votre colère s'abattre sur lui, pourraient créer un instant de stupéfaction suffisant pour vous permettre de prendre la fuite.

AVERTISSEMENT : Évitez formellement, comme on peut le voir dans certains films, de vous attaquer au plus fort.

Si vous pensez qu'en arrivant à vaincre le chef du groupe, vous en deviendrez le nouveau mâle alpha ou la nouvelle femelle dominante, je me dois de vous mettre en garde contre une telle attitude. Si c'est effectivement possible, ce n'est absolument pas le but de la manœuvre. Le but de notre assaut est de nous permettre de créer un espace suffisant pour fuir et nous mettre hors de portée, le plus rapidement possible, de ces furieux belliqueux. Pas de vaincre qui que ce soit ou de devenir le nouveau patron de quelque groupe que ce soit.

Quand bien même vous seriez en mesure de lui faire mordre la poussière, vous pensez vraiment que c'est une bonne idée ? À dix contre un, que croyez-vous qu'il va se passer ? Vu que je suis sympa, je ne vais même pas partir sur un scénario extrême qui ne pourrait que mal se finir, où le leader en question ferait deux mètres, pèserait 115 kilos, serait doté de biceps de 55 centimètres et aurait un palmarès de 211 condamnations pour menace, violence et agression. Non, je vais me contenter d'explorer celui où le face-à-face serait compétitif et où vous seriez en mesure de lui tenir tête, voire d'en sortir vainqueur. Pensez-vous vraiment que ces neuf amis vont rester gentiment à vous regarder le démonter sans rien faire ? Si l'on cause d'un groupe de deux ou trois, à l'insulte facile et aux petits bras, peut-être. Au-delà, même face à des profils de lâches notoires, j'ai du mal à y croire.

La vraie vie, ce n'est pas le cinéma. Il y a assez peu de chances de se retrouver dans des situations où, comme on peut le voir dans de très distrayantes productions, chaque méchant attendra gentiment son tour de cogner. Et, à moins que ce triste individu fasse 30 centimètres et 30 kilos de moins que vous et que vous parveniez à le coucher en une demi-seconde d'une seule frappe, même dans le scénario le plus favorable, il y a de fortes chances qu'il vous oppose une certaine résistance. Cela laissera donc tout loisir à ses collègues de méfait de vous sauter dessus en parallèle, et de vous démonter de côté et par-derrière, à grands coups de chassés dans le dos et de cassages de bouteilles en verre en traître sur l'arrière de la tête, ce qui n'est pas souhaitable.

Voilà pourquoi, face à un groupe qui ambitionnerait de vous rudoyer, vous ne devriez pas vous attaquer au plus fort, mais toujours à celui qui vous semble le plus faible, le moins attentif, le plus nonchalant... afin de jouer sur l'effet de surprise, d'obtenir un léger avantage et d'en profiter pour fuir.

Si, par votre comportement et votre prise de décision rapide, vous parvenez à générer quelques instants de surprise et de trouble, cela pourra être suffisant pour vous permettre d'enchaîner avec la démonstration de vos capacités en sprint long couplées à celles en franchissement d'obstacles et en camouflage. Si vous vous y prenez bien, sans hésiter et en étant explosif lors de votre assaut, et que vous vous faufilez par le premier trou de souris généré, vous avez de vraies chances de vous en sortir sain et sauf, quitte pour une grosse frayeur, des muscles gorgés d'acide lactique et des battements de cœur frôlant les 200 à la minute.

Si vous vous y prenez mal, ou que vous n'avez pas de réussite dans votre tentative, vous finirez très certainement à l'hôpital, mais vous aurez malgré tout la satisfaction d'en avoir emmené un avec vous aux urgences. Alors, certes, c'est une maigre consolation. Mais croyez-en mon expérience, ça fait toujours chaud au cœur de se dire que même à dix contre un, ça s'est fini par un match nul avec une personne à l'hosto de chaque côté. Bien entendu, ça ne vous aidera pas à vous rétablir physiquement plus vite, mais ça accélérera le processus de récupération psychologique.

Disons qu'à défaut d'autre chose, c'est mieux que rien.

Le combat – Conclusion

S'il est toujours préférable d'éviter le combat, il y aura sans doute des situations où vous n'aurez pas d'autre choix que d'y prendre part et où il sera essentiel que vous ayez au moins les bases pour vous en sortir le mieux possible et limiter les dégâts. Plus vous serez préparé, mieux votre vie quotidienne en milieu urbain se déroulera, et moins vous aurez à devoir faire face, désemparé, à des situations désagréables.

Conclusion

Si, sur de nombreux aspects, notre vie est indéniablement plus douce, plus sûre et plus facile que celle de nos ancêtres chasseurs-cueilleurs, qui n'était que lutte pour la survie et était menacée à tout instant par de multiples dangers, et si la civilisation a permis à l'être humain de sortir de ces périls constants tout en nous offrant un certain confort, nous sommes pour autant toujours soumis à de nombreux risques.

Certes, la situation s'est indéniablement améliorée, mais nous devons faire face à de nouveaux dangers pour lesquels nous sommes peu, voire pas du tout, préparés. D'autant plus dans les grandes villes modernes où folie, frustration, égoïsme, rage, violence gratuite, colère… ne cessent de gagner du terrain et de prendre de l'ampleur. En conclusion, je vais donc vous prodiguer quelques derniers conseils pour vous aider dans la gestion du quotidien en milieu urbain.

Conseil n° 1 :
DÉVELOPPEZ LES BONNES CARACTÉRISTIQUES

Ne gaspillez pas votre énergie à essayer de changer le monde. D'autant plus qu'il semblerait ne pas spécialement vouloir changer. Et quand il change, c'est très lentement. Le rythme de l'Univers n'est pas celui de la vie humaine ! Utilisez donc plutôt votre énergie pour développer des caractéristiques en mesure de neutraliser les dangers du quotidien, tout en restant en accord avec votre personnalité, vos capacités et la législation en vigueur du côté de chez vous. Ne perdez pas votre précieux et limité temps de vie à tenter de modifier des choses au-dessus de vos forces et concentrez-vous sur des choses sur lesquelles vous avez prise. Oubliez les grands discours. Oubliez les grandes théories. Laissez ça aux politiciens et aux personnalités médiatiques. Seul, en territoire hostile, c'est un luxe que vous ne pouvez pas vous permettre. Pensez efficacité. Peu importe si ce n'est pas très beau. Peu importe si ce n'est pas très noble. Vous êtes seul, livré à vous-même, perdu en territoire hostile. Il s'agit de vous en sortir et de ne pas vous laisser submerger par une situation déplorable.

Conseil n° 2 :
NE CHERCHEZ PAS
À FAIRE RÉGNER L'ORDRE

Même si c'est tentant, que l'on a tous eu le cerveau farci de conneries de superhéros chassant les criminels et rétablissant l'ordre à grands coups de superpouvoirs et de belles mandales dans la gueule, ne cherchez pas à faire régner l'ordre. De nos jours, les apprentis superhéros finissent en taule ou à l'hosto.

Mon conseil : Laissez les forces de l'ordre se charger de faire appliquer la loi. Ne mettez sous aucun prétexte votre nez dans ce merdier. C'est leur business, pas le vôtre.

Aux compréhensibles arguments du type « Ouais, mais y en a marre, y a vraiment trop de cons qui méritent des baffes ! » ou « J'vais quand même pas rester là, assis, à regarder ce désastre sans rien faire », j'ai envie de répondre que si les forces de l'ordre ne parviennent pas à endiguer le flot sans cesse croissant d'incivilités et de violences ou à faire appliquer la loi, alors qu'elles ont été pensées et conçues pour ça, vous seriez bien inconscient de croire qu'avec votre rage, votre mécontentement, votre nervosité, vos gros bras esseulés et votre arsenal plus ou moins légal acheté en cryptomonnaie sur le Dark Web, vous parviendrez à faire mieux que des garnisons entraînées, équipées et payées pour.

Rapport au respect strict du positionnement dans la chaîne alimentaire, le maintien de l'ordre ne fait pas partie des prérogatives du citoyen lambda, perdu, seul, en pleine jungle urbaine. Ne vous laissez pas bourrer le mou par la propagande cinématographique ou médiatique. À moins d'être né à Gotham City, d'avoir trempé quelques heures dans une mare de déchets radioactifs après avoir été le cobaye d'une expérience scientifique et d'y avoir survécu, de ne pas avoir d'amis ou de famille, de ne plus rien avoir à perdre, d'être expert d'un art martial, ancien légionnaire ou à la tête d'une milice citoyenne armée et surentraînée, il y a peu de chances que vous puissiez faire quoi que ce soit pour améliorer la situation générale sans dégrader dangereusement la vôtre.

Vous n'êtes pas responsable de ce merdier, ce n'est pas à vous de vous en occuper ! Vous êtes responsable de vous et de vos proches, c'est de ça que vous devez vous occuper !

Conseil n° 3 :
Ne vous laissez pas submerger par la peur

Ne vivez pas dans la peur. Ne vous laissez pas submerger par la crainte et les dangers. Oui, les risques existent. Oui, la situation est compliquée. Oui, il y a matière à inquiétude.

Mais, d'un autre côté, vous pouvez très bien voir votre vie prendre fin du jour au lendemain pour un motif aussi banal qu'un arrêt cardiaque ou une mauvaise chute lors d'une promenade. Avec la vie vient la mort. Avec la vie viennent les risques. Mais avec la vie viennent aussi l'espoir et les belles surprises. La vie, par essence, est une lutte. Une lutte au cours de laquelle il y aura des joies et des peines, des bons et des mauvais moments, des victoires et des défaites.

Mon conseil : Vivez en étant conscient des dangers qui vous entourent, mais ne vous laissez pas submerger par eux.

Conseil n° 4 :
Ne sombrez pas dans le piège de la haine

Un excès d'injustices et de frustrations peut amener la plus douce des personnes à sombrer dans le piège de la haine. À se refermer sur elle et à chercher des responsables à ses malheurs. À vouloir châtier ceux qu'elle estime coupables.

La haine est une voie sans issue. Elle ne résout aucun problème et ne fait qu'en créer de nouveaux. Elle ne vous apportera aucune amélioration de votre situation ni de votre bien-être personnel. Elle ne vous aidera pas à survivre, mais risquera plutôt de vous entraîner dans une suite d'événements qui ne pourront avoir qu'une conclusion dramatique. Tenez-vous-en le plus possible éloigné. Ainsi que de tous ceux qui la prêchent et l'utilisent pour gagner de la visibilité ou du pouvoir. À ce jeu-là, à moins que vous soyez un expert en politique capable de vous mouvoir dans les plus complexes toiles d'araignées avec aisance et habileté, vous avez plus à perdre qu'à gagner et ne serez, bien souvent, qu'un pion au milieu d'une lutte de pouvoir et d'influence qui vous dépasse.

Conseil n° 5 :
Ne sombrez pas dans le piège du plus fort des faibles

Une vie principalement basée sur la survie, l'évitement et la ruse peut être une source de frustration amenant certaines personnes à adopter des comportements déplorables.

Mon conseil : Ne tombez pas dans le piège de vouloir devenir le plus fort des faibles dans le but de passer vos nerfs et de tenter de vous sentir mieux. C'est une voie sans issue.

Non seulement ce comportement fera de vous un odieux et détestable personnage incapable de supporter avec patience et dignité le sort qui lui est réservé, mais vous n'êtes pas à l'abri de la transformation d'un ancien faible en fort. Et, en général, un des moteurs de la transformation d'un faible en fort, ce sont les fantasmes de vengeance suite aux merdes subies lorsqu'il n'était pas en mesure de se défendre. Certains forts de pacotille ont négligé l'importance de ce détail, ils en ont horriblement souffert. Ne sombrez pas dans ce triste écueil.

Conseil n° 6 :
Ne vous laissez pas séduire
par la fuite de la réalité

Un des pièges les plus destructeurs de la survie en milieu urbain, c'est de vouloir fuir la réalité pour une illusion prétendument salutaire. Refuser de voir la réalité telle qu'elle est et chercher refuge dans la consommation abusive de drogues et de psychotropes, n'est qu'illusion de survie. Si, de prime abord, les paradis artificiels peuvent ressembler à une oasis salvatrice en plein désert, ce n'est, pour autant, pas une solution viable sur le long terme. En sombrant dans l'écueil des narcotiques, vous ne travaillerez pas à survivre, mais à vous anéantir à petit feu. Vous œuvrerez, de concert avec l'immensité froide et insensible, à la destruction de votre être.

Alors, certes, une fois le corps plein d'une merde en mesure de vous faire oublier jusqu'à votre prénom, ou emballé dans une camisole chimique, les yeux perdus dans le vague, le corps ankylosé, les pensées engourdies par un brouillard artificiel et ouateux, trompeusement éloigné du tumulte et du chaos, vous aurez droit à une illusion de tranquillité. Mais à quel prix ?

Conseil n° 7 :
Ayez des exutoires
et des sources d'épanouissement

Autant que possible, arrangez-vous pour accepter votre situation sans avoir à faire appel à des dérivatifs pouvant avoir des effets secondaires néfastes sur votre santé physique ou psychique. Drogues, alcool, abus de médicaments, violence sur autrui ou violence sur soi-même… ne sont pas des moyens efficaces de survivre. Consommer des substances bizarres ne vous sauvera pas. L'aliénation mentale n'est pas une solution viable. Adopter des comportements à risques n'est pas souhaitable. Vous laisser gagner par la haine ne réglera pas vos problèmes. Devenir le plus fort des faibles n'est, en aucun cas, un projet de vie acceptable. Vous laisser submerger par une vague de colère et de ressentiment ne pourra que vous engloutir dans les plus sombres affres de l'âme humaine.

Mon conseil : Si l'énergie négative qui vous habite est telle que vous craignez qu'elle vous submerge et vous anéantisse, trouvez-lui des dérivatifs utiles et constructifs.

– **Plongez-vous dans la culture !** Lisez, écrivez, dansez, peignez, sculptez, chantez, créez… ce que vous voulez, comme bon vous semble, du moment que ça vous permet de vous changer les idées, d'oublier la grisaille morne et triste qui vous entoure et de sublimer toute cette noirceur par la création de quelque chose de plus grand que votre propre personne.

– **Immergez-vous dans le sport !** Repoussez vos limites, entraînez-vous sans relâche, faites de votre corps une glaise à sculpter… ce que vous voulez, comme bon vous semble, du moment que ça vous permet de gagner en assurance, de vous évader de réalités âpres et complexes, de vous sentir bien dans votre peau, de vous bâtir un cadre répétitif et rassurant, et que ça vous offre la possibilité de vous réapproprier votre destinée en vous fixant des objectifs réalistes et réalisables.

– **Consacrez votre énergie à l'étude !** Formez-vous, apprenez sans relâche, développez vos connaissances, passez des diplômes, devenez la meilleure version de vous-même… ce que vous voulez, comme bon vous semble, du moment que ça vous permet de vous perfectionner, de ne plus subir, de mettre des mots sur vos ressentis, de vous ouvrir l'esprit, de mieux appréhender le monde qui vous entoure et d'entrer en possession d'outils en mesure d'améliorer votre situation.

– **Développez vos facultés manuelles !** Occupez-vous l'esprit en travaillant sur des choses concrètes, formez-vous aux métiers de l'artisanat, acquérez des compétences techniques utiles et valorisantes, du type : bricolage, mécanique, cuisine, construction, couture… ce que vous voulez, comme bon vous semble, du moment que ça vous apporte chaque jour l'occasion de travailler à des choses concrètes dont les résultats peuvent être partagés. Ainsi, vous serez en mesure de vous réapproprier une partie de votre quotidien grâce à des activités absorbantes et essentielles, et vous goûterez aux satisfactions qu'apporte le travail manuel.

– **Développez votre business !** Ne restez pas inactif à attendre de l'extérieur une aide qui ne viendra peut-être jamais. Investissez sur votre personne. Investissez sur vos idées. Reprenez la main sur le cours de votre destinée. Ne vous laissez plus bercer par le ronron hypnotique de la vie quotidienne. Misez sur votre personne et tentez de vous créer un quotidien à la hauteur de vos ambitions.

– **Travaillez constamment à la préservation de votre équilibre interne !** Chassez les idées noires dès leur arrivée, ne restez par renfermé sur vous-même, ne ruminez pas sur ce qui vous manque, fuyez les personnes négatives, les rabat-joie, ceux qui vous tirent vers le bas, ceux qui vous dissuadent, pour « votre bien », de vous élever… Pratiquez la méditation, ayez des pensées positives, essayez toujours de voir le bon côté des choses, fixez-vous des objectifs réalistes et réalisables à atteindre, entourez-vous de personnes dynamiques cherchant à entreprendre et à construire… ce que vous voulez, comme bon vous semble, du moment que ça vous permet de rester ouvert, confiant, motivé, entreprenant et de bonne humeur.

Survivre en milieu urbain – Conclusion

Et voilà, c'est ici que se termine ce livre. Après avoir abordé les questions des possessions terrestres, des déplacements, des interactions, des moyens de transport, de la connaissance du terrain, de l'art de la conversation et du combat, il ne me reste plus qu'à vous souhaiter bonne chance.

N'hésitez pas à consulter régulièrement cet ouvrage, et à y picorer des passages en fonction de vos besoins. S'il le faut, faites-en votre livre de chevet, gardez-le constamment à portée de main. Agir ainsi vous permettra de toujours avoir les précieux conseils qu'il contient bien présents à l'esprit, et de combiner efficacement survie en milieu urbain, respect du Code pénal et relation sereine et pacifiée avec le système judiciaire de votre pays.

La survie en milieu urbain est un combat ni facile ni court. Il est long, laborieux et de chaque instant. Acceptez cet état de fait et œuvrez pour survivre dans les meilleures conditions. En agissant ainsi, votre passage sur Terre vous offrira, au milieu de toute cette lutte quotidienne, quelques moments de joie et de grâce, de rire et de partage, qui feront que tout ça aura valu la peine d'être vécu et que vous vous battiez pour les obtenir.

Du même auteur
aux éditions Voraces :

Devenir célèbre rapidement, 2019
L'art de l'esbroufe, 2020
Éloge du clash, 2022

Suivez toute l'actualité des éditions Voraces sur :

www.editions-voraces.fr

Printed in France by Amazon
Brétigny-sur-Orge, FR

11962836R00100